Impressum
Verlag: BABADADA GmbH, Nedderfeld 112 , 22529 Hamburg
Geschäftsführer / Verlagsleitung: Harald Hof
Druck: Books on Demand GmbH, In de Tarpen 42, 22848 Norderstedt

Imprint
Publisher: BABADADA GmbH, Nedderfeld 112 , 22529 Hamburg, Germany
Managing Director / Publishing direction: Harald Hof
Print: Books on Demand GmbH, In de Tarpen 42, 22848 Norderstedt, Germany

məktəb

សាលារៀន

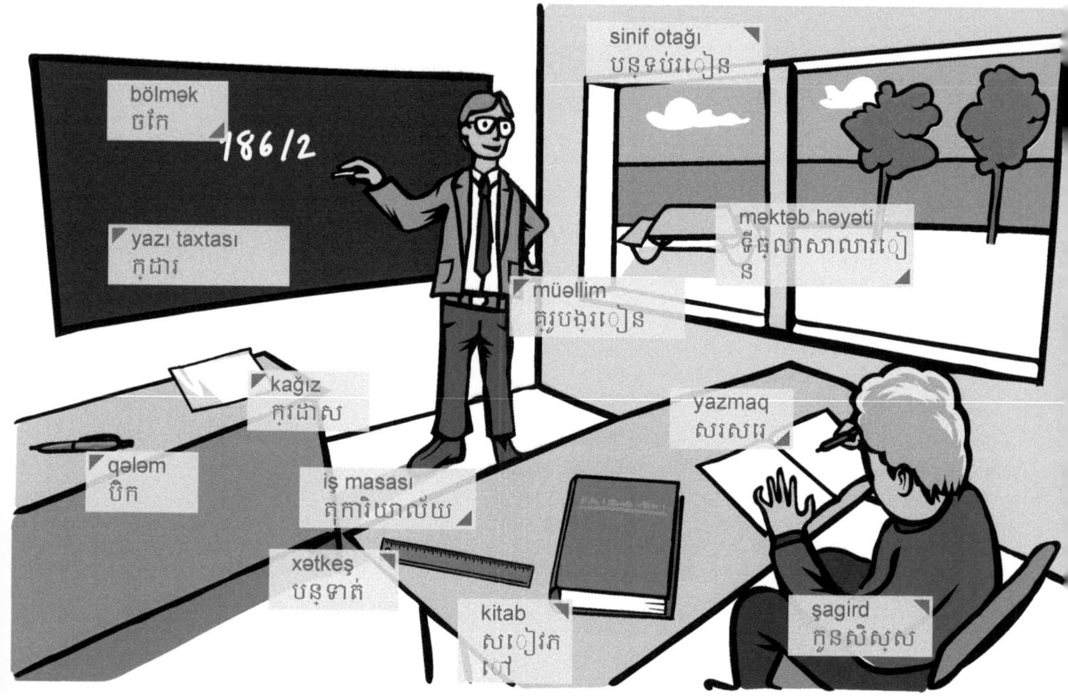

sinif otağı
បន្ទប់រៀន
bölmək
ចែក
186/2
yazı taxtası
ក្ដារ
məktəb həyəti
ទីធ្លាសាលារៀន
müəllim
គ្រូបង្រៀន
kağız
ក្រដាស
yazmaq
សរសេរ
qələm
ប៊ិក
iş masası
តុការិយាល័យ
xətkeş
បន្ទាត់
kitab
សៀវភៅ
şagird
កូនសិស្ស

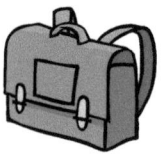

məktəbli çantası

សម្ពៀតស្បែក

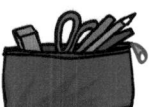

karandaş qabı

ប្រអប់ដាក់ខ្មៅដៃ

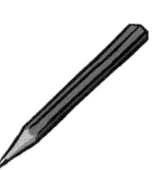

karandaş

ខ្មៅដៃ

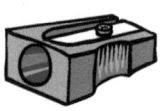

karandaş yonan

ប្រដាប់ខួងខ្មៅដៃ

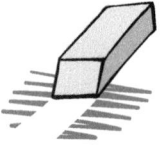

pozan

ជ័រលុប

rəsm albomu

ផ្ទាំងគំនូរ

rəsm

គំនូរ

boya fırçası

ជក់គូរ

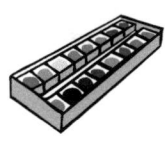

boya qutusu

ប្រអប់ថ្នាំលាប

qayçı

កន្ត្រៃ

yapışdırıcı

ការបិទ

dəftər

សរៀវភៅពេលហាត់

ev tapşırığı

កិច្ចការផ្ទះ

12

say

លខ

2+2

əlavə etmək

បូក

5-2

çıxmaq

ដក

2×2

vurmaq

គុណ

hesablamaq

គណនា

A

hərf

លិខិត

ABCDEFG HIJKLMN OPQRSTU VWXYZ

əlifba

អក្ខរក្រម

söz

ពាក្យ

mətn

អត្ថបទ

oxumaq

អាន

tabaşir

ដីស

dərs

មេរៀន

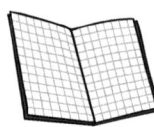

sinif jurnalı

ចុះឈ្មោះ

imtahan

ការប្រលង

təhsil haqqında sənəd

វិញ្ញាបនបត្រ

məktəb uniforması

ឯកសណ្ឋានសាលា

təhsil

ការអប់រំ

ensiklopediya

សព្វវចនាធិប្បាយ

universitet

សាកលវិទ្យាល័យ

mikroskop

មីក្រូទស្សន៍

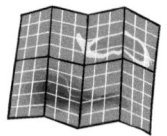

xəritə

ផែនទី

zibil qutusu

កន្ត្រករដាក់សំរាមក្រដាស

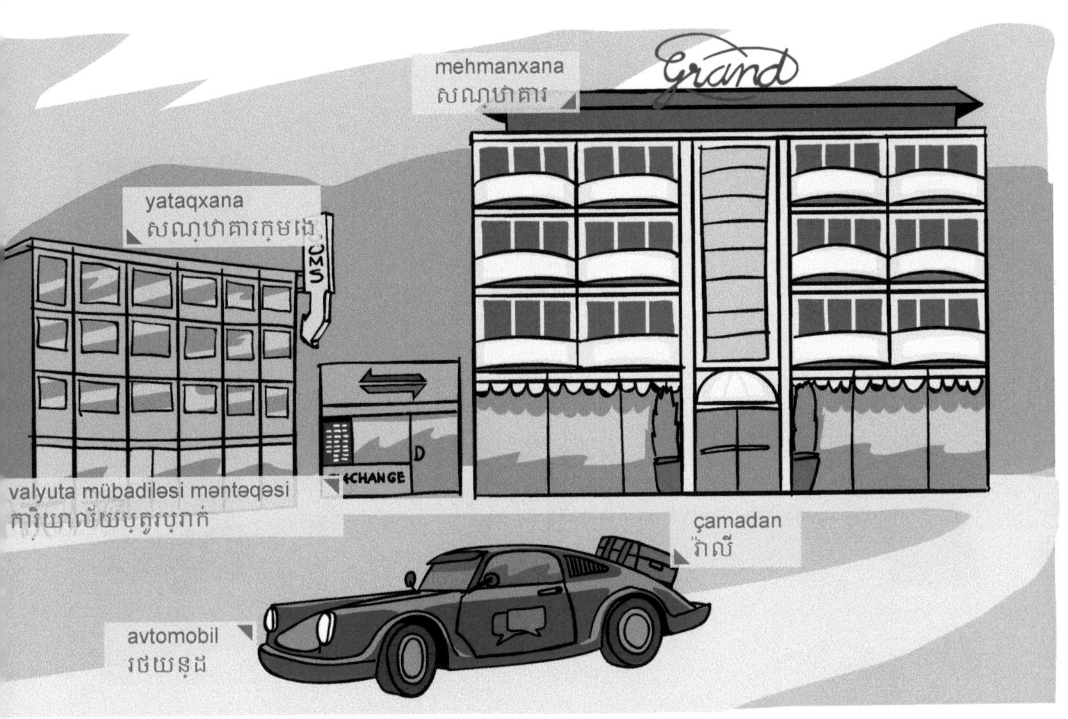

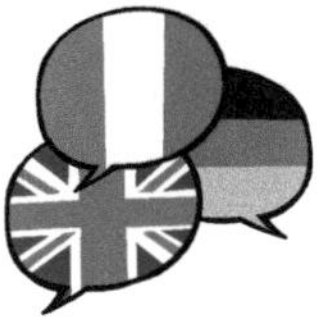

Grand
mehmanxana
សណ្ឋាគារ
yataqxana
សណ្ឋាគារក្មេង
CHANGE
valyuta mübadilәsi mәntәqәsi
ការិយាល័យប្តូរប្រាក់
çamadan
វ៉ាលី
avtomobil
រថយន្ដ

dil
ភាសា

bәli/xeyr
បាទ / ទេ

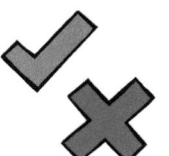

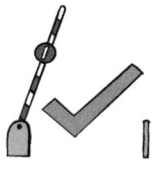

oldu
យល់ព្រម

salam
សាយ័ន្តសួស្តី!

tәrcümәçi
អ្នកបកប្រែ

Tәşәkkür edirәm
សូមអរគុណ

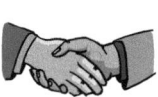

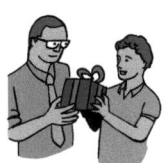

giyməti nə qədərdir ...?

ថ្លៃប៉ុន្មាន... ?

mən başa düşmürəm

ខ្ញុំមិនយល់

problem

បញ្ហា

Axşamınız xeyir!

ទិវាសួស្តី!

Sabahınız xeyir!

អរុណសួស្តី

Gecəniz xeyrə galsin!

រាត្រីសួស្ដី!

hələlik

លាហើយ

istiqamət

ទិសដៅ

baqaj

អីវ៉ាន់

torba

កាបូប

kürək çantası

កាបូបស្ពាយក្រោយ

qonaq

ភ្ញៀវ

otaq

បន្ទប់

yataq-çuval

ថង់ដេក

çadır

តង់

6   **səyahət** - ការធ្វើដំណើរ

turistlər üçün məlumat

ព័ត៌មានទូសេចរណ៍

çimərlik

ឆ្នេរ

kredit kartı

កាតឥណទាន

səhər yeməyi

អាហារពេលព្រឹក

günorta yeməyi

អាហារថ្ងៃត្រង់

nahar yeməyi

អាហារពេលល្ងាច

bilet

សំបុត្រ

lift

ជណ្ដើរយន្ត

poçt markası

តម្រា

sərhəd

ព្រំដែន

gömrük

គយ

səfirlik

ស្ថានទូត

viza

ទិដ្ឋាការ

pasport

លិខិតឆ្លងដែន

nəqliyyat
ការដឹកជញ្ជូន

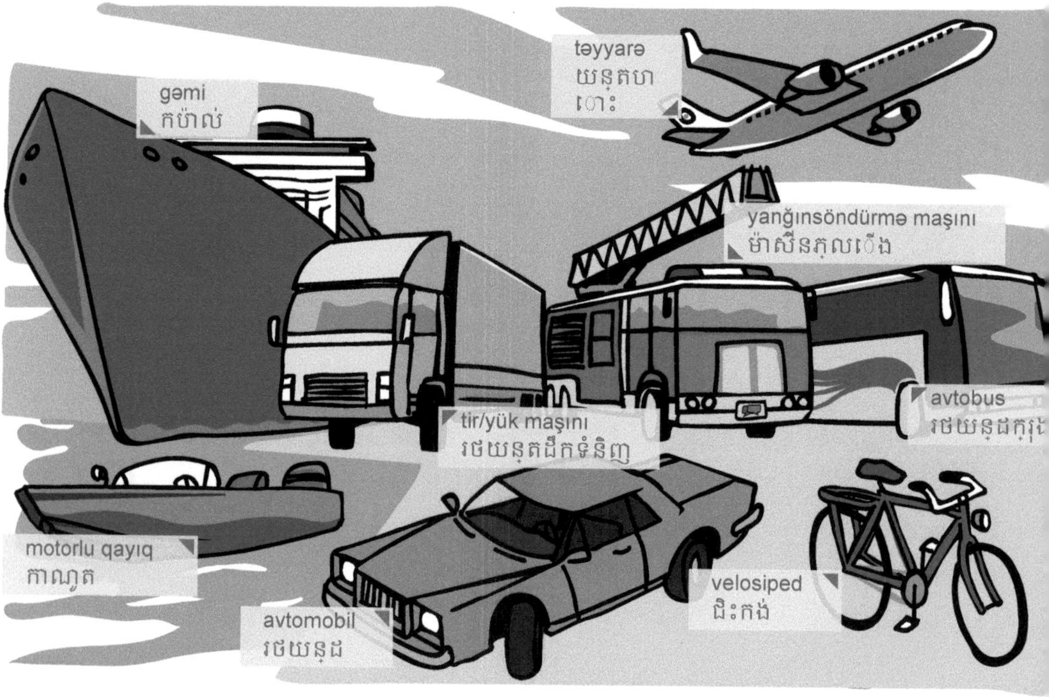
təyyarə
យន្តហោះ
gəmi
កប៉ាល់
yanğınsöndürmə maşını
ម៉ាសីនភ្លើង
avtobus
រថយន្តក្រុ
tir/yük maşını
រថយន្តដឹកទំនិញ
motorlu qayıq
កាណូត
velosiped
ជិះកង់
avtomobil
រថយន្ដ

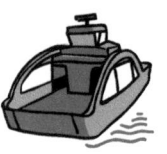

bərə

សាឡាង

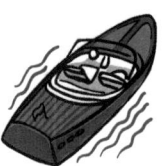

qayıq

ទូក

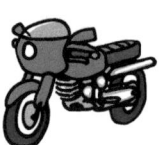

motosiklet

ម៉ូតូ

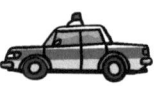

polis avtomobili

រថយន្តប៉ូលិស

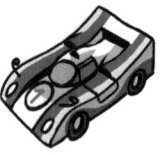

yarış avtomobili

រថយន្តប្រណាំង

icarə avtomobili

រថយន្តជួល

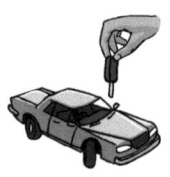

avtomobil icarəsi

ការជែលែេវ

texniki yardım maşını

ឡានសុទូច

zibil maşını

ឡានបុរមួលសំរាម

mühərrik

ម៉ូតូ

yanacaq

បុរេងឥន្ទន:

benzin doldurma mәntəqəsi

សុថានីយបុរេង

yol nişanı

សុលាកសញ្ញាចរាចរណ៍

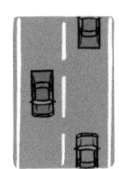

yol hərəkəti

ការធ្វេីចរាចរណ៍

tıxac

កកសុទ:ចរាចរណ៍

avtomobil dayanacağı

ចំណត

dəmir yolu stansiyası

សុថានីយរថភ្លេីង

dəmiryol

ផ្លួវដែក

qatar

រថភ្លេីង

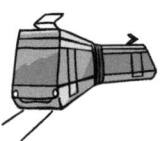

tramvay

រថអគ្គីសនី

vaqon

ទូរថភ្លេីង

helikopter

ឧទ្ធម្ភាគចក្រ

hava limanı

ពុរលានយន្តហោះ

qüllə

ប៉ម

sərnişin

អ្នកដំណើរជើរ

konteyner

កុងតឺន័រ

karton qutu

កុដោសកាតុង

əl arabası

រទេះ

səbət

កញ្ចប់

qalxmaq / enmək

ហោះឡ្បេ៉ង / ចុះ

şəhər
ទីក្រុង

kənd

ភូមិ

şəhər mərkəzi

កណ្ដាលទីក្រុង

ev

ផ្ទះ

kino
រោងភាពយន្ត

reklam
ការផ្សព្វផ្សាយ

küçə lampası
ចង្កៀងតាមដងផ្លូវ

küçə
ផ្លូវ

taksi
តាក់ស៊ី

qəlyənaltı dükanı
ហាងអាហារសមរន់

piyada keçidi
អ្នកឆ្លងកាត់ផ្លូវ

CINEMA

səki
ចិញ្ចើមផ្លូវ

yol qovşağı
ផ្លូវបំបែក

zebra keçid
គំនូសផ្លូវបំបែក

zibil qabı
ធុង

işıqfor
ភ្លើងសញ្ញាចរាចរណ៍

daxma
ខ្ទម

mənzil
ផ្ទះលវែង

dəmir yolu stansiyası
ស្ថានីយរថភ្លើង

bələdiyyə binası
សាលាក្រុង

muzey
សារមន្ទីរ

məktəb
សាលារៀន

universitet
សាកលវិទ្យាល័យ

bank
ធនាគារ

xəstəxana
មន្ទីរពេទ្យ

mehmanxana
សណ្ឋាគារ

aptek
ឱសថស្ថាន

ofis
ការិយាល័យ

kitab dükkanı
ហាងលក់សៀវភៅ

dükan
ហាង

çiçək dükanı
ហាងផ្កា

supermarket
ផ្សារទំនើប

bazar
ទីផ្សារ

univermaq
ហាងទំនិញ

balıq satıcısı
ហាងលក់ត្រី

ticarət mərkəzi
មជ្ឈមណ្ឌលផ្សារទំនើប

liman
កំពង់ផែ

park

ឧទ្យាន

oturacaq

បង្គ

körpü

ស្ពាន

pilləkən

ជណ្តើរ

metro

ផ្លូវក្រោមដី

tunel

ផ្លូវរូងក្រោមដី

avtobus dayanacağı

ចំណតរថយន្តក្រុង

bar

បារ

restoran

ភោជនីយដ្ឋាន

poçt qutusu

ប្រអប់សំបុត្រ

küçə nişanı

សញ្ញាតាមដងផ្លូវ

parkinq sayğacı

ឧបករណ៍បូរមួលចូលថៃណាត

zoopark

សួនសត្វ

üzgüçülük hovuzu

អាងហាលែទឹក

məscid

វិហារអ៊ីស្លាម

ferma
កសិដ្ឋាន

ətraf mühitin çirklənməsi
ការបំពុល

məzarlıq
វាលកប់ខ្មោច

kilsə
ពុរវិហារ

oyun meydançası
គ្រឿងវិលកុមងេលង

məbəd
បុរាសាទ

mənzərə
ទេសភាព

yarpaq
ស្លឹក

yol nişanı
សញ្ញាមុរប់ទិសដរៅ

yol
ផ្លូវ

çəmən
វាលស្មៅ

daş
ដុំថ្ម

piyada səyyah
អ្នកឡេងភ្នំ

ağac
ដេ៝ីមឈើ

çay
ទន្លេ

ot
ស្មៅ

gül
ផ្កា

vadi

ជ្រលងភ្នំ

təpə

កូនភ្នំ

göl

បឹង

meşə

ព្រៃឈើ

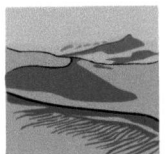

səhra

វាលខ្សាច់

vulkan

ភ្នំភ្លើង

qəsr

គេហាកុប្បី

göy qurşağı

ឥន្ទធនូ

göbələk

ផ្សិត

palma

ដើមត្នោត

ağcaqanad

មូស

milçək

រុយ

qarışqa

ស្រមោច

arı

សត្វឃ្មុំ

hörümçək

ពីងពាង

böcək
សត្វកញ្ចៅវែ

qurbağa
កង្កែប

dələ
កំប្រុក

kirpi
សត្វកាំបុរមា

dovşan
ទន្សាយសុលឹក

bayquş
សត្វទីទុយ

quş
បក្សី

qu quşu
ហង្ស

qaban
ជ្រូក

maral
សត្វក្តាន់

sığın
សត្វក្តាន់

su bəndi
ទំនប់

külək turbini
កង្ហារខ្យល់

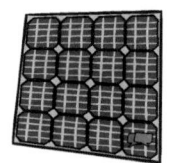

günəş batareyası
បន្ទះសូឡា

iqlim
អាកាសធាតុ

mənzərə - ទេសភាព

ofisiant
អ្នករត់តុ

menyu
ម៉ឺនុយ

kreslo
កៅអី

şorba
ស៊ុប

pizza
ភីហ្សា

bıçaq, çəngəl, qaşıq
កាំបិត

süfrə
កម្រាលតុ

məzə
អាហារសម្រន់

əsas yemək
អាហារសំខាន់

desert
បង្អែម

içkilər
ភេសជ្ជៈ

yemək
អាហារ

şüşə
ដប

fast food
អាហារបហ្ស

küçə yeməkləri
អាហារតាមផ្លូវ

çaynik
ហ៊ាន់តៃ

qəndqabı
ប្ររអប់ស្ករ

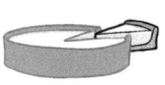

pay
ចំណៃក

espresso maşını
ម៉ាសីនឆុងកាហ្វេអេិចស្ពួរ
ស្ស

hündür uşaq kreslosu
កៅអីខ្ពស់

faktura
វិក្កយបត្រ

nimçə
ថាស

bıçaq
កាំបិត

çəngəl
សម

qaşıq
ស្លាបព្រា

çay qaşığı
ស្លាបព្រាកាហ្វេ

salfet
កន្សងែជូតខ្លួន

şüşə
កវែ

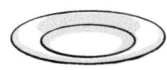

boşqab
ចានទាប

şorba boşqabı
ចានស៊ុប

nəlbəki
ចានទុរនាប់

sous
ទឹកជ្រលក់

duz qabı
ដបអំបិល

bibərüyüdən
ឬរដាប់កិនម្រេច

sirkə
ទឹកខ្មេះ

duru yağ
ប្ររេង

ədviyyat
គ្រឿងទេស

ketçup
ទឹកប់រេង់ោ:

xardal
ម៉ូតាក

mayonez
ទឹកមយ៉ូណេ

supermarket
ផ្សារទំនើប

xüsusi təklif
ការផ្តល់ជូនពិសេស
FOR
müştəri
អតិថិជន
süd məhsulları
ទឹកដោះគោ
meyvə
ផ្លែឈើ
alış-veriş arabası
រទេះរុញ

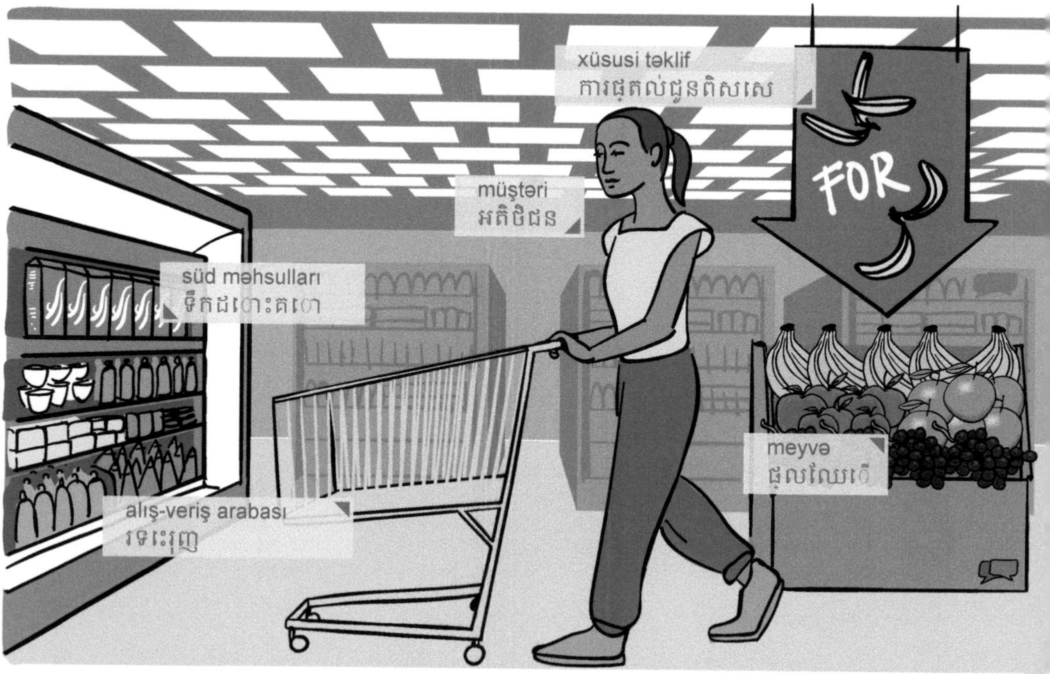

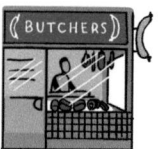

qəssab dükanı

ហាងកាប់ជ្រូក

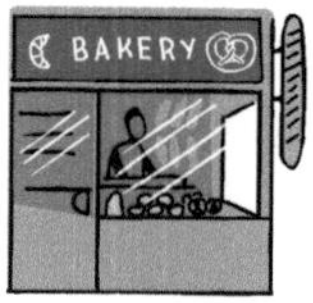

çörəkçi

ហាងដុតនំ

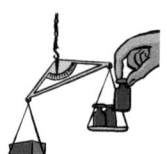

çəkmək

ថ្លឹង

tərəvəz

បន្លែ

ət

សាច់

dondurulmuş qida

អាហារក្លាស្សេ

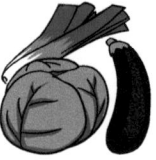

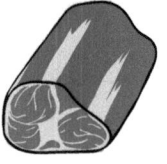

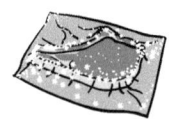

soyuq ət yeməyi

សាច់កុលាសរ

konservləşdirilmiş qida

អាហារកំប៉ុង

yuyucu toz

ម៉ុសៅៅលាង

şirniyyat

សុអរគ្រាប់

təsərrüfat malları

ផលិតផលកុនុងគ្រួសារ

yuyucu vasitələr

ផលិតផលសមុអាត

satıcı

អុនកលក់

kassa

ថតជាក់លុយ

kassir

បរៀ

alış-veriş siyahısı

បញ្ជីទិញទំនិញ

iş saatları

ម៉ៅៅងធ្វៃការ

pul kisəsi

កាប្បបលុយបុរុស

kredit kartı

កាតឥណទាន

torba

ថង់

plastik torba

ថង់បុលាសុទិច

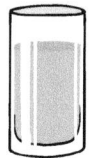

su

ទឹក

şirə

ទឹកផ្លែឈើ

süd

ទឹកដោះគោ

cola

កូកាកូឡា

şərab

ស្រា

pivə

ស្រាបៀរ

alkoqollu içkilər

គ្រឿងស្រវឹង

kakao

កាកាវ

çay

តែ

qəhvə

កាហ្វេ

espresso

កាហ្វេអេចស្ព្រេស្សូ

kapuçino

កាហ្វេកាពូឈីណូ

banan

ចេក

alma

ផ្លែប៉ោម

portağal

ផ្លែក្រូច

yemiş

ឪឡឹក

limon

ក្រូចឆ្មា

yerkökü

ការ៉ុត

sarımsaq

ខ្ទឹម

bambuq

ប្រសុស៊ី

soğan

ខ្ទឹមបារាំង

göbələk

ផ្សិត

qoz-fındıq

គ្រាប់ផ្លែឈេរ្ទី

əriştə

មី

spagetti

មីអ៊ីតាលី

düyü

ហាយ

salat

សាឡាត់

cips

ដំឡូងចៀន

qızardılmış kartof

ដំឡូងចៀន

pizza

ភីហ្សា

hamburger

ប៊ឺហ្គឺ

sandviç

សាំងវិច

eskalop

សាច់ជាប់ឆ្អឹងជំនី

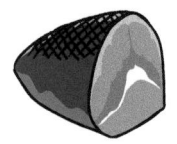

hisə verilmiş donuz əti

ហាំ

salyami

សាឡាមី

kolbasa

សាច់ក្រក

toyuq

សាច់មាន់

qızardılmış ət tikəsi

អាំង

balıq

ត្រី

yulaf yarması

អាវ៉ែនបបរ

müsli

មុយស្លី

partlaq qarğıdalı

ដំឡូងចំណិត

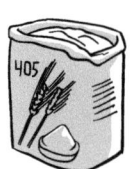

un

មុសរ៉ៅ

kruassan

នំគ្រួសង់

bulka

នំប៉័ងមុំយ៉ាងមូលតូចៗ

çörək

នំប៉័ង

tost

អាំង

peçenye

នំប៉័សុគី

kərə yağı

ប៊ឺរ

kəsmik

ទឹកដោះខាប់

tort

នំខេក

yumurta

ស៊ុត

qayğanaq

ស៊ុតចៀន

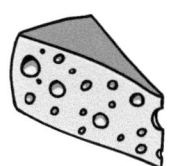

pendir

ឈីស

dondurma

ការ៉េម

şəkər

ស្ករ

bal

ទឹកឃ្មុំ

mürəbbə

ដំណាប់

şokolad pastası

កុរមែតាំងម៉ៃ

köri

ការី

kəndli ev
ផ្ទះក្នុងកសិដ្ឋាន

saman dəsti
ខ្សែចងចម្របើង

anbar
ជង្រុក

sanə
វាលស្មៅ

at
សេះ

qoşqu
រថសណ្ដុជ ពោង

dayça
កូនសេះ

traktor
ត្រាក់ទ័រ

eşşək
សត្វលា

quzu
កូនចៀម

qoyun
សត្វចៀម

keçi
ពពែ

inək
គោញី

dana
កូនគោ

donuz
ជ្រូក

donuz balası
កូនជ្រូក

öküz
គោឈ្មោលគោល

qaz

សត្វក្ងាន

ördək

ទា

cücə

កូនមាន់

toyuq

មមោន់

xoruz

មាន់ឈ្មោល

siçovul

កណ្ដុរ

pişik

ឆ្មា

siçan

កណ្ដុរប្រមេះ

öküz

គោឈ្មោល

it

ឆ្កែ

itdamı

ផ្ទះឆ្កែ

bağ şlanqı

ទុយោទឹក

susəpən

ធុងស្រោចទឹក

dəryaz

ខ្ទៃបែក

kotan

នង្គ័ល

oraq

កណ្ដៀវ

kətman

ចបកាប់

yaba

រនាស់

balta

ពូថៅ

əl arabası

រទេះរុញ

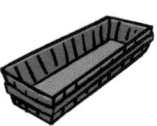

çalov

ស្នូក

süd bidonu

កំប៉ុងទឹកដោះគោ

çuval

ហារ

çəpər

របង

tövlə

កូរពោល

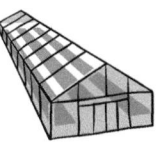

istixana

ផ្ទះកញ្ចក់

torpaq

ដី

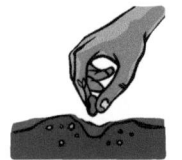

toxum

គ្រាប់ពូជ

gübrə

ជី

taxılbiçən kombayn

ម៉ាស៊ីនបូរមួលផល

məhsul yığmaq

បូរមួលផល

məhsul yığımı

ការបូរមួលផល

yam

ដំឡូងជ្វា

buğda

សូវរសាលី

soya

សណ្ដែកសៀង

kartof

ដំឡូងជ្វា

dən

ពពោត

raps

គ្រាប់បូរងៀបប៉ៃ

meyvə ağacı

ដ គើមឈើហ្វូបផុលៃ

maniok

ដំឡូងម៉ី

yarma

ចញ្ញជាតិ

baca
បំពង់ផ្សែងដង

dam
ដំបូល

drenaj borusu
ទុយបង្ហូរទឹក

pəncərə
បង្អួច

qaraj
ហ្គារ៉ាស

qapı zəngi
កណ្ដឹងទ្វារ

qapı
ទ្វារ

zibil vedrəsi
ធុងសំរាម

poçt qutusu
ប្រអប់សំបុត្រ

bağ
សួនច្បារ

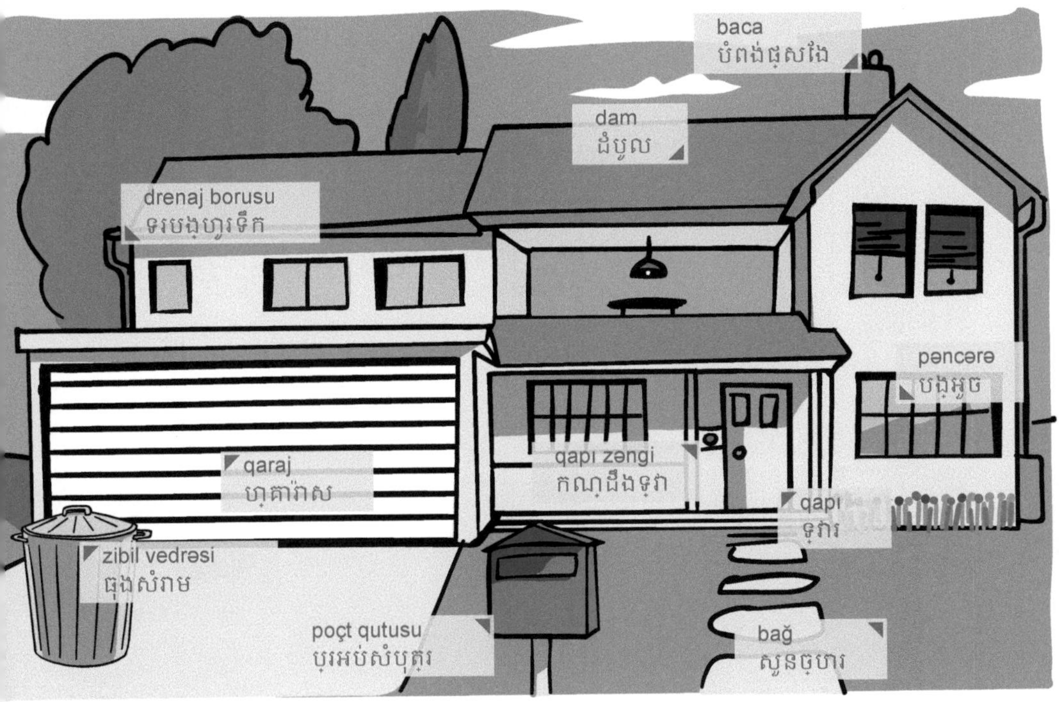

qonaq otağı
បន្ទប់ទទួលភ្ញៀវ

hamam otağı
បន្ទប់ទឹក

mətbəx
ផ្ទះបាយ

yataq otağı
បន្ទប់គេង

uşaq otaqı
បន្ទប់របស់កុមារ

yemək otağı
បន្ទប់ទទួលទានអាហារ

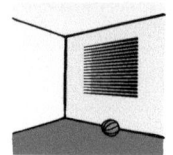

döşəmə

ជាន់

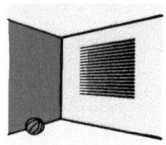

divar

ជញ្ជាំង

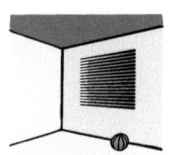

tavan

ពិដាន

zirzəmi

បន្ទប់ក្រោមដី

sauna

សូណា

balkon

យ៉រ

terras

ផ្ទៃរាបស្មើនៅជមុរាល ក្នុំ

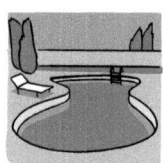

üzgüçülük hovuzu

អាងហាលែទឹក

otbiçən maşın

ម៉ាស៊ីនកាត់ស្មៅ

mələfə

សន្លឹក

yataq örtüyü

កម្រាលគ្រែដែកេ

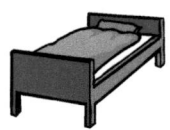

yataq

គ្រែ

süpürgə

អំបោស

vedrə

ធុង

elektrik açarı

កុងតាក់

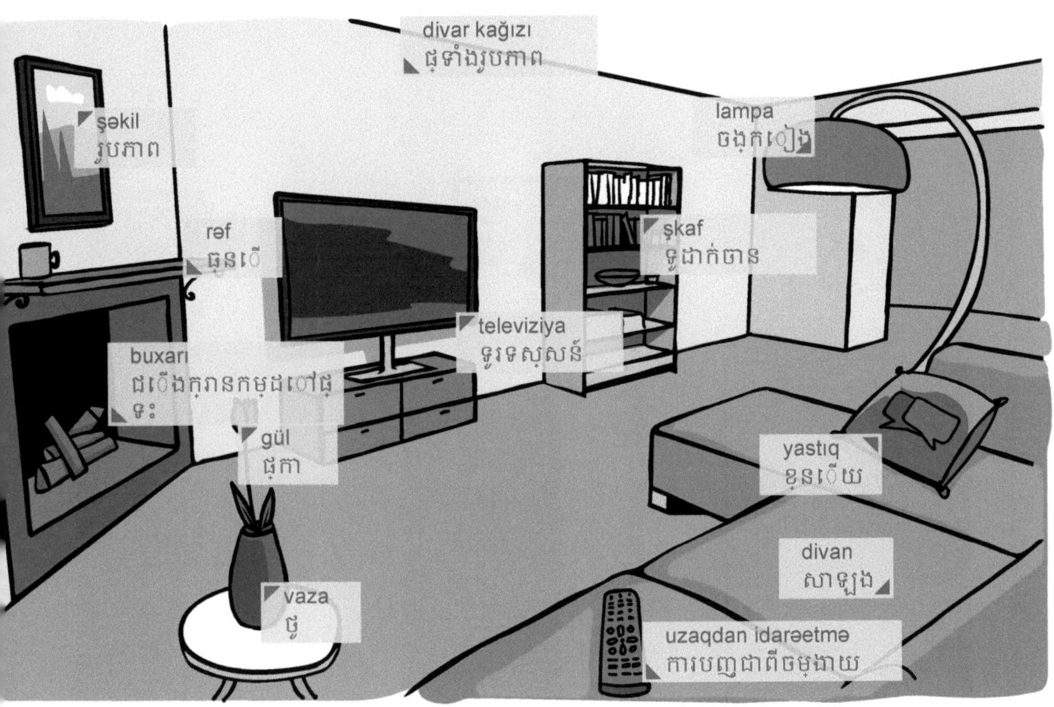

divar kağızı
ផ្ទាំងរូបភាព

lampa
ចង្កៀង

şəkil
រូបភាព

rəf
ធ្នើរ

şkaf
ទូដាក់ចាន

buxarı
ជរេ៉ីងកំរាននកម្ដៅពៅផ្ទះ

televiziya
ទូរទស្សន៍

gül
ផ្កា

yastıq
ខ្នើយ

divan
សាឡុង

vaza
ថូ

uzaqdan idarəetmə
ការបញ្ជាពីចម្ងាយ

xalça
កម្រាលព្រំ

pərdə
វាំងនន

masa
តុ

kreslo
កៅអី

yırğalanan stul
កៅអីបាក់បំបែក

kreslo
កៅអីកូនាក់ដៃ

kitab

សៀវភៅ

yorğan

ភួយ

bəzək

ការតុបតែង

odun

អុសដុត

film

ខ្សែភាពយន្ត

stereo səs sistemi

ឧបករណ៍ Hi-Fi

açar

កូនសោ

qəzet

កាសែត

rəsm əsəri

គំនូរ

plakat

ផ្ទាំងរូបភាព

radio

វិទ្យុ

bloknot

ណូតផ្គត

tozsoran

ម៉ាស៊ីនបូមធូលី

kaktus

ដំបងយក្ស

şam

ទៀន

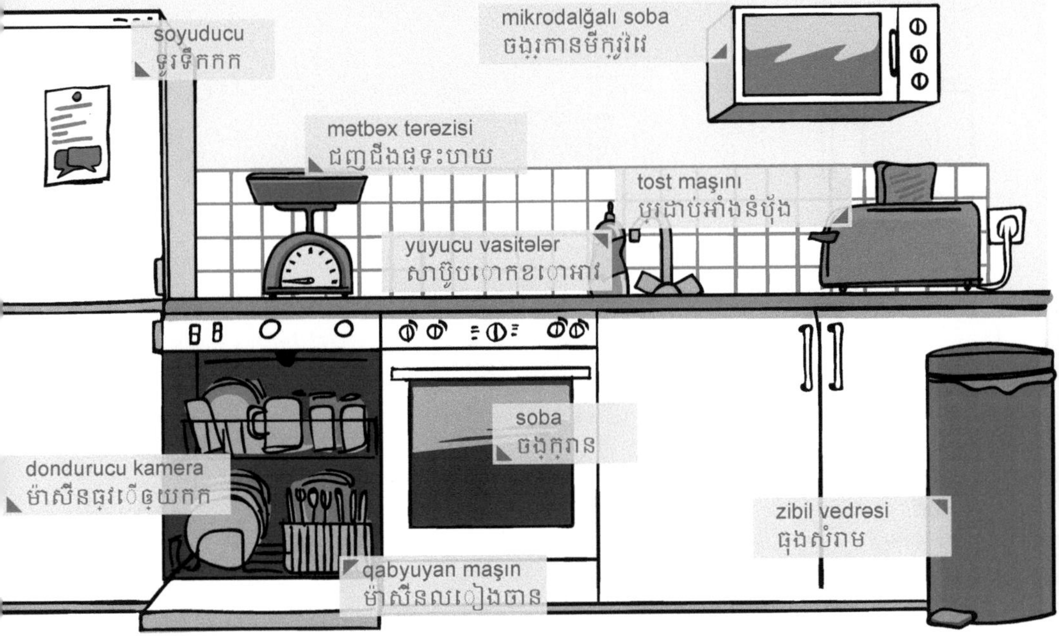

soyuducu
ទូរទឹកកក

mikrodalğalı soba
ចង្ក្រានម៉ៃក្រូវែវ

mətbəx tərezisi
ជញ្ជីងផ្ទះបាយ

tost maşını
ប្ររជាប់អាំងនំបុ័ង

yuyucu vasitələr
សាប៊ូបោកខោអាវ

dondurucu kamera
ម៉ាស៊ីនធ្វើទឹកកក

soba
ចង្ក្រាន

zibil vedrəsi
ធុងសំរាម

qabyuyan maşın
ម៉ាស៊ីនលាងចាន

soba

ចង្ក្រាន

qazan

ឆ្នាំង

çuqun qazan

ឆ្នាំងដៃកែ

vok / kadai

ខ្ទះ / ខ្ទះវណ្ឌោ

tava

ខ្ទះ

çaydan

កំសៀវ

buxar qazanı
ឆ្នាំងចំហុយ

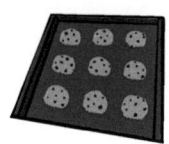

sac
ថាសដុតនំ

qab
គុររៀងចានឆ្នាំងដ

fincan
ថ្វ

ləyən
ចានតោម

yemək üçün çubuqlar
ចង្កឹះ

çömçə
វែកសមុល

spatula
វែកកូរ

çırpıcı
បុរដោប់រាយកូរឡ្យក

süzgəc
តម្រង

ələk
កន្ទ្រុង

sürtgəc
បុរដោប់កោសដូង

həvəngdəstə
គុបាល់

barbekyu
ការអាំងសាច់

ocaq
ចង្ក្រានចំហា

doğrama taxtası
ជុរញ្ញ

oxlov
បុរដាប់កិនម្សៅ

probkaçıxaran
បុរដាប់ម្សៅបើកឆ្នុកសុរា

banka
កំប៉ុង

bankaağzıaçan
បុរដាប់បេីកកំប៉ុង

qabtutan
កុរណាត់ទុរាប់ឆ្នាំង

əl üz yuyan
កន្លៃលាងចាន

fırça
ជក

süngər
អប៉ុង

blender
ម៉ាស៊ីនកូរឡៃក

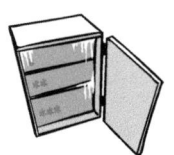

dondurucu
ទូរទឹកកកខ្សាឆ្កូត

körpə şüşəsi
ដបទឹកដរោះគរោ

kran
រ៉ូប៊ីណេ

qızdırıcı
កម្ដៅទៅ

duş
ផ្កាឈូក

dəsmal
កន្សែង

duş pərdəsi
រាំងននង្វូតទឹកផ្កាឈូក

köpüklü vanna
ការងូតទឹកពពុះ

hamam vannası
អាងងូតទឹក

şüşə
កវែ

paltaryuyan maşın
ម៉ាស៊ីនបោកគក់

kafel
ក្របឡាក្របឿង

kran
រ៉ូបីណេ

güvec
ចានបង្គន់

əl üz yuyan
កន្សែលដៃលាងចាន

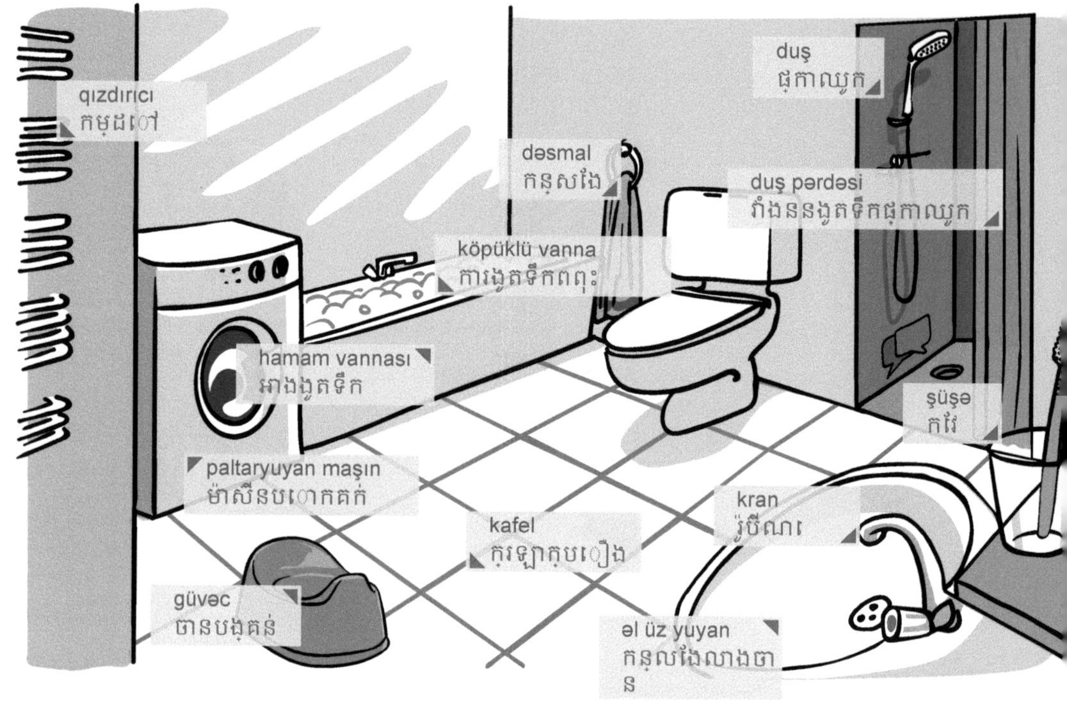

tualet
បង្គន់

çömbəlmə tualet
បង្គន់អង្គុយ

bide
ផជើងជម្រះកាយ

urinal
កុលាំទឹកនោម

tualet kağızı
ក្រដាសបង្គន់

tualet fırçası
ច្រាសដុសបង្គន់ន

diş fırçası
ច្រាសដុសធ្មេញ

diş pastası
ថ្នាំដុសធ្មេញ

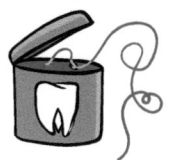

diş ipi
ខ្សែទៅក់សម្អាតធ្មេញ

yumaq
លាង

əl duşu
បុរដោប់ដាក់ដផ្កាឈ្នក

intim duş
ទឹកថ្នាំសម្រាប់ហាញលាង

taz
អាង

bel fırçası
ច្រាសដុសខ្នង

sabun
សាប៊ូ

duş üçün gel
ៃលសម្រាប់ងួតទឹកផុះកាឈ្នក

şampun
សាប៊ូ

əsgi
សកុលាត

drenaj
បំពង់បង្ហូរទឹក

krem
ក្រែម

dezodorant
ថ្នាំបំហាត់ក្លិនអាក្រក់

güzgü

កញ្ចក់

əl güzgüsü

កញ្ចក់ដៃ

ülgüc

ប្រដាប់កកោរ

üz qırxmaq üçün köpük

ហ្វូមកកោរពុកមាត់

təraşdan sonra su

ទឹកលាងក្រោយកកោរពុកម
ាត់រូច

daraq

ក្រាស

fırça

ជក់

fen

ប្រដាប់សម្ងួតសក់

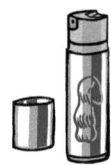

saç spreyi

ស្ព្រាយបាញ់សក់

makiyaj

ការតុបតែងមុខ

dodaq boyası

ក្រម៉េលាបមាត់

dırnaq lakı

ថ្នាំលាបក្រចក

pambıq

រោមកប្បាស

dırnaq qayçısı

កន្ត្រៃកាត់ក្រចក

ətir

ទឹកអប់

gigiyenik torba

កាបូបបបៀកគត់

kətil

លាមក

tərəzi

ជញ្ជីងថ្លឹងទម្ងន់

hamam xalatı

អាវពាក់ងូតទឹក

rezin əlcək

ស្រោមដៃកៅស៊ូ

tampon

ឆ្នុក

gigiyenik salfet

កន្សែងអនាម័យ

kimyəvi tualet

បង្គន់គីមី

uşaq otaqı
បន្ទប់របស់កុមារ

zəngli saat
នាឡិការោទ៍
yumşaq oyuncaq
ប្រដាប់ក្មេងអោបលេង
oyuncaq avtomobil
រថយន្តក្មេងលេង
cingilti
ប្រដាប់អង្រន់លេង
kukla evciyi
ផ្ទះកូនក្រមុំជ័រ
hədiyyə
អំណោយ

balon
ប៉េងប៉ោង

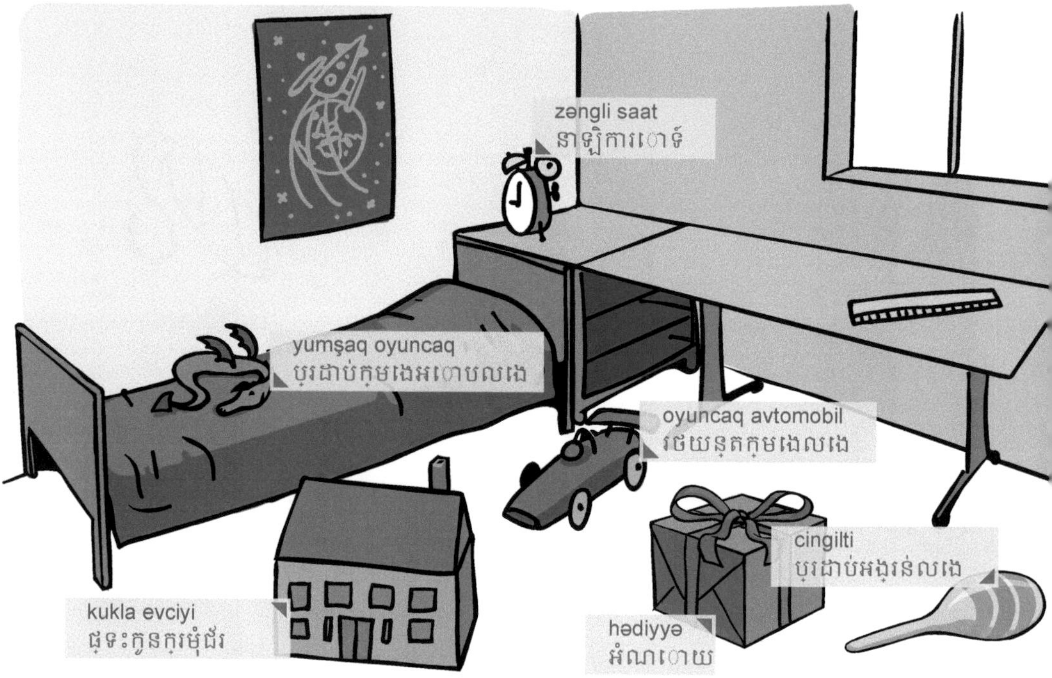

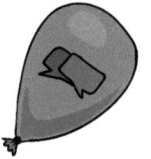

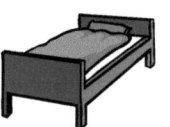

yataq
គ្រែ

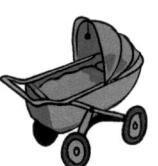

uşaq arabası
រទេះរុញទារក

kart dəsti
ហ៊្វបៀ

elektrik mişarı
រូបផ្គុំ

SUPER
MEGA

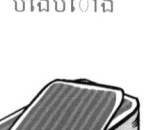

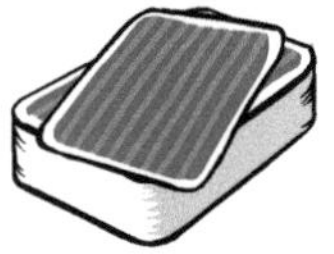

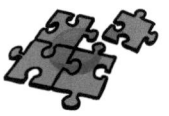

komik
កំប្លែង

leqo kərpici

ផ្គុំ Lego

konstruktor blokları

បុលកប្ររដាប់កុមងែលងែ

oyuncaq-personaj

តូលខេសកម្មភាព

yeni doğulmuş körpələr
üçün geyimi

ខោអាវទារក

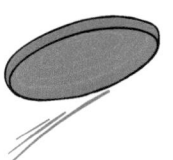

frisbi

ការគប់ថាស

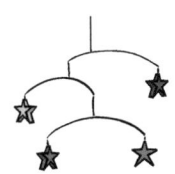

yataq üstünə asılan körpə
oyuncağı

ទូរសិព្ទដៃ

masaüstü oyun

ក្តារល្បែង

zər

គ្រាប់ឡុកឡាក់

oyuncaq qatar

ឈុតរថភ្លើងឌេំខុំ

emzik

រូបសំណាក

qonaqlıq

គណបក្ស

rəsmli kitab

សៀវភៅរូបភាព

top

បាល់

kukla

កូនក្រមុំតុក្កតា

oynamaq

លងែ

qum qutusu

រណ្ដៅទៅខ្សាច់

yelləncək

ទ្រេង

oyuncaqlar

បុរដាប់ក្មមងេលងេ

video oyun konsolu

កុងស្សួលវិដេអ្វេហ្គតមេ

üç təkərli velosiped

គួីចក្ររយានយនុត

plüşdən hazırlanmış
oyuncaq ayı

តុក្កតាខ្លាឃ្មុំ

şkaf

ទូខទោអារ

---

geyim

សម្មលៀ]កបំពាក់

corab

ស្សុរទោមជេ៊ង

corab

ស្សុរទោមជេ៊ងវែង

kalqotka

ខទោមុរនាប់នារី

kaşne
កុរម៉ា

çetir
ឆត្រ

t-shirt
អាយ៉ឺត

kemər
ខ្សែក្រវាត់

idman ayaqqabısı
ស្បែកជើងហាតា

çəkmə
ស្បែកជើងវែងករវ
ង

şəpit
ស្បែកជើងពាក់នៅ
ទូ៖

sandallar
ស្បែកជើងសង្រុវកែ

ayaqqabı
ស្បែកជើង

rezin çəkmələr
ស្បែកជើងករវែងកៅស៊ូ

dizlik
ខោទុរនាប់បុរស

lifçik
អាវទុរនាប់

alt köynəyi
អាវកាក់

alt paltarı
រាងកាយ

şalvar
ខោទោវែង

cins
ខោខូវចិយ

yubka
សំពត់

bluza
អាវកុរាៅ

köynək
អាវ

sviter
អាវយឺត

başlıqlı idman gödəkçəsi
អាវយឺត

gödəkçə
អាវធំ

gödəkcə
អាវកុរាៅ

pencək
អាវធំ

plaş
អាវភ្ញោរៀង

kostyum
គុររៀងតវែ

paltar
អាវវែ

gəlin paltarı
សំលរៀកបំពាក់អាពាហ៍ពិពាហ៍

kostyum

ខោអាវឈុត

gecə köynəyi

រ៉ូបរាត្រី

pijama

ឈុតគេង

sari

សារី

hicab / eşarp

កន្សែងជួតក្បាល

çalma

ឆ្នួត

burka

ស្បូបម៉ែខ

kaftan

kaftan

abaya

abaya

çimərlik geyimi

ឈុតហាលែទឹក

tumuş

ខោខ្លី

şort

ខោខ្លី

məşq kostyumu

ឈុតហាត់កីឡា

önlük

អាវអេ៊ៀម

əlcək

ស្រោមដៃ

düymə

ឃ្យេរអារ

eynək

វ៉ែនតា

bilərzik

ខ្សដៃ

boyunbağı

ខ្សកៃ

üzük

ចិញ្ចៀន

sırğa

ក្រវិល

papaq

មួក

asılqan

ប្រដាប់ពួយអាវក្រៅ

papaq

មួក

qalstuk

ក្រវាត់ក

zəncirbənd

រូត

dəbilqə

មួកសុវត្ថិភាព

aşırma

ខ្សវៃ

məktəb uniforması

ឯកសណ្ឋានសាលា

uniforma

ឯកសណ្ឋាន

48   **geyim** - សម្លៀកបំពាក់

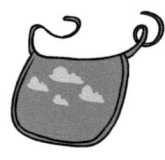

döşlük
អៀមទារក

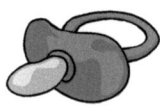

emzik
រូបសំណាក

körpə bezi
ខោទឹកនោម

ofis
ការិយាល័យ

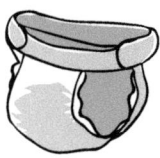

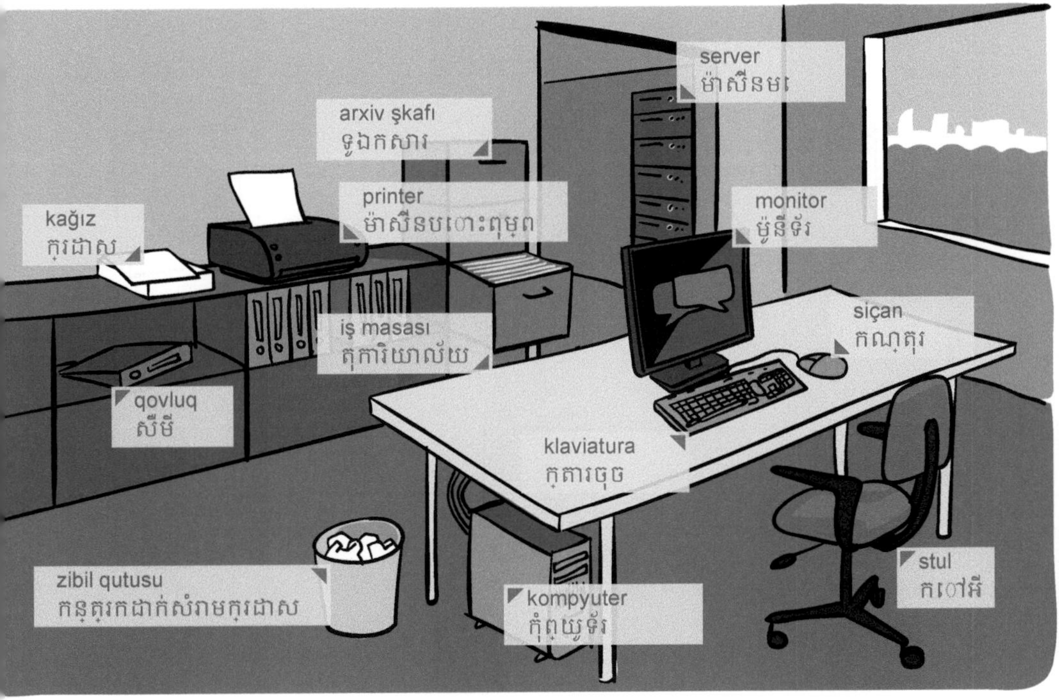

server
ម៉ាស៊ីនមេ
arxiv şkafı
ទូឯកសារ
printer
ម៉ាស៊ីនបោះពុម្ព
kağız
ក្រដាស
monitor
ម៉ូនីទ័រ
siçan
កណ្ដុរ
iş masası
តុការិយាល័យ
qovluq
ស៊ីឌី
klaviatura
ក្ដារចុច
zibil qutusu
កន្ត្រកដាក់សំរាមក្រដាស
stul
កៅអី
kompyuter
កុំព្យូទ័រ

qəhvə fincanı
ពែងកាហ្វេ

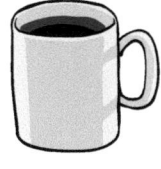

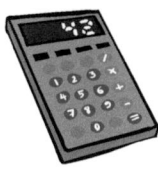

kalkulyator
ម៉ាស៊ីនគិតលេខ

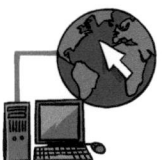

internet
អ៊ីនធឺណិត

laptop
កុំព្យូទ័រយួរដៃ

məktub
លិខិត

mesaj
សារ

mobil telefon
ទូរស័ព្ទដៃ

şəbəkə
បណ្តាញ

surətçıxaran maşın
ម៉ាស៊ីនថតចម្លង

proqram təminatı
ស៊ូហ្វវែ

telefon
ទូរស័ព្ទ

ştepsel
រន្ធជ្រោត

faks
ម៉ាស៊ីនទូរសារ

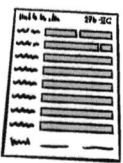

forma
ទម្រង់បែបបទ

sənəd
ឯកសារ

iqtisadiyyat
សេដ្ឋកិច្ច

satın almaq
ទិញ

ödəmək
បង់ប្រាក់

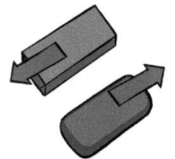

alverlə məşğul olmaq
ធ្វើជំនួញ

pul
លុយ

dollar
ប្រាក់ដុល្លារ

avro
ប្រាក់អឺរ៉ូ

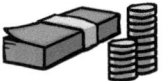

yen
ប្រាក់យ៉េន

rubl
ប្រាក់រ៉ូបិល

frank
ហ្វ្រង់ស្វីស

renminbi yuan
ប្រាក់យ៉ន

rupi
ប្រាក់រូពី

bankomat
កន្លែងប្រើសាច់ប្រាក់

valyuta mübadiləsi
məntəqəsi
ការប្ដូរលុយប្តូរប្រាក់

qızıl
មាស

gümüş
ប្រាក់

neft
ប្រេង

enerji
ថាមពល

qiymət
តម្លៃ

müqavilə
កិច្ចសនុយា

vergi
ពន្ធ

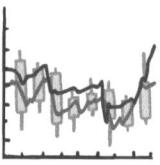

səhm
ភាគហ៊ុន

işləmək
ធ្វើការ

işçi
បុគ្គលិក

işəgötürən
និយោជក

fabrik
រោងចក្រ

dükan
ហាង

polis əməkdaşı
មន្ត្រីប៉ូលិស

yanğınsöndürən
អ្នកពន្លត់អគ្គិភ័យ

aşbaz
ចុងភៅ

həkim
វេជ្ជបណ្ឌិត

pilot
អ្នកបើកយន្តហោះ

bağban
អ្នកថែស្វន

dülgər
ជាងឈើ

dərzi
ជាងកាត់ដេរ

hakim
ចៅក្រម

kimyaçı
គីមីវិទ្ទូ

aktyor
តួកុន

avtobus sürücüsü

អ្នកបើកឡានក្រុង

taksi sürücüsü

អ្នកបើកតាក់ស៊ី

balıqçı

អ្នកនេសាទ

xadimə

សុត្តិអ្នកសម្អាត

dam işçisi

ជាងដំបូល

ofisiant

អ្នករត់តុ

ovçu

អ្នកបរបាញ់សត្វ

rəssam

វិចិត្រករ

çörəkçi

អ្នកដុតនំ

elektrik ustası

ជាងអគ្គីសនី

inşaat işçisi

ជាងសំណង់

mühəndis

វិស្វករ

qəssab

អ្នកកាប់សាច់

santexnik

ជាងជួសជុលទុយោទឹក

poçtalyon

អ្នករត់សំបុត្រ

əsgər

ទាហាន

memar

ស្ថាបត្យករ

kassir

បេឡា

gül-çiçək satıcısı

អ្នកលក់ផ្កា

bərbər

អ្នកអ៊ុតសក់

konduktor

អ្នកយកលុយ

mexanik

ជាងម៉ាស៊ីន

kapitan

កាពីទែន

diş həkimi

ពេទ្យធ្មេញ

alim

អ្នកវិទ្យាសាស្ត្រ

ravvin

គ្រូបង្រៀនច្បាប់សញ្ជាតិ
ជ៊ីហ៊ូវ

imam

លោកសង្ឃយចាម

rahib

ព្រះសង្ឃយ

keşiş

បព្វជិត

alətlər
ឧបករណ៍

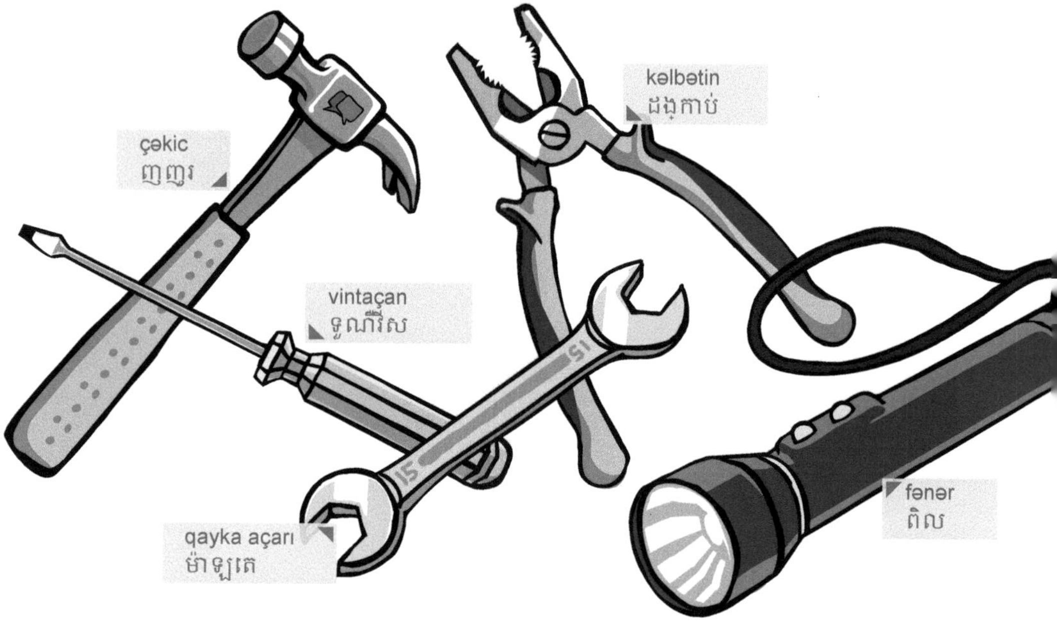

çəkic
ញញួរ
kəlbətin
ដង្កាប់
vintaçan
ទួណឺវីស
qayka açarı
ម៉ាឡេត
fənər
ពិល

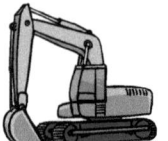

ekskavator
ម៉ាស៊ីនជីក

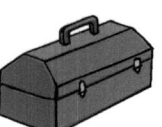

alətlər qutusu
ប្រអប់ឧបករណ៍

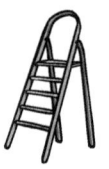

nərdivan
ជណ្តើរ

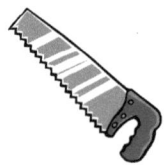

mişar
រណារ

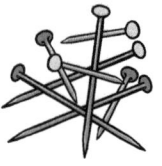

dırnaqlar
ដែកគោល

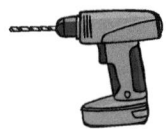

drel
ប្រដាប់ស្វាន

təmir etmək

ជួសជុល

kürək

ប៉ែល

Lənət olsun!

ចង្រៃ!

xəkəndaz

ប៉ុរដោបចូកធូលី

boya vedrəsi

ធុងថ្នាំពណ៌

vintlər

វីស

musiqi alətləri
ឧបករណ៍តន្ត្រី

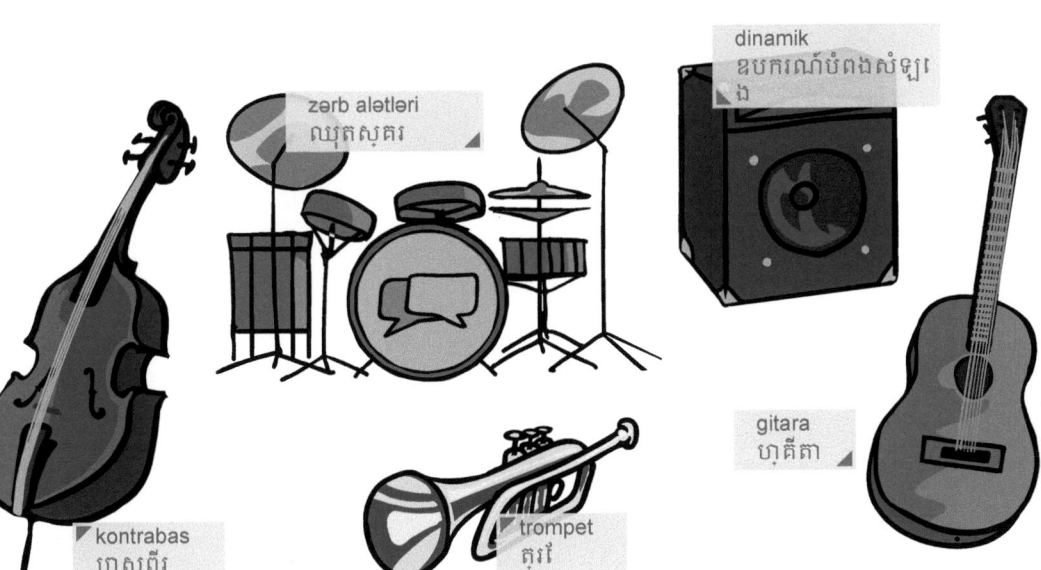

dinamik
ឧបករណ៍បំពងសំឡេង

zerb alətləri
ឈុតស្គរ

gitara
ហ្គីតា

kontrabas
ហាសពីរ

trompet
ត្រែ

fortepiano
ពុយាណូ

skripka
វីយ៉ូឡុង

bas
ហាស

timpani
សុគរពាសសុបកែមុយ៉ាង

nağara
សុគរ

sintezator
យ៉ឺបត

saksafon
សាក់សូហ្វូន

fleyta
ខ្លុយ

mikrofon
មីក្រូហ្វូន

zoopark
សួនសត្វ

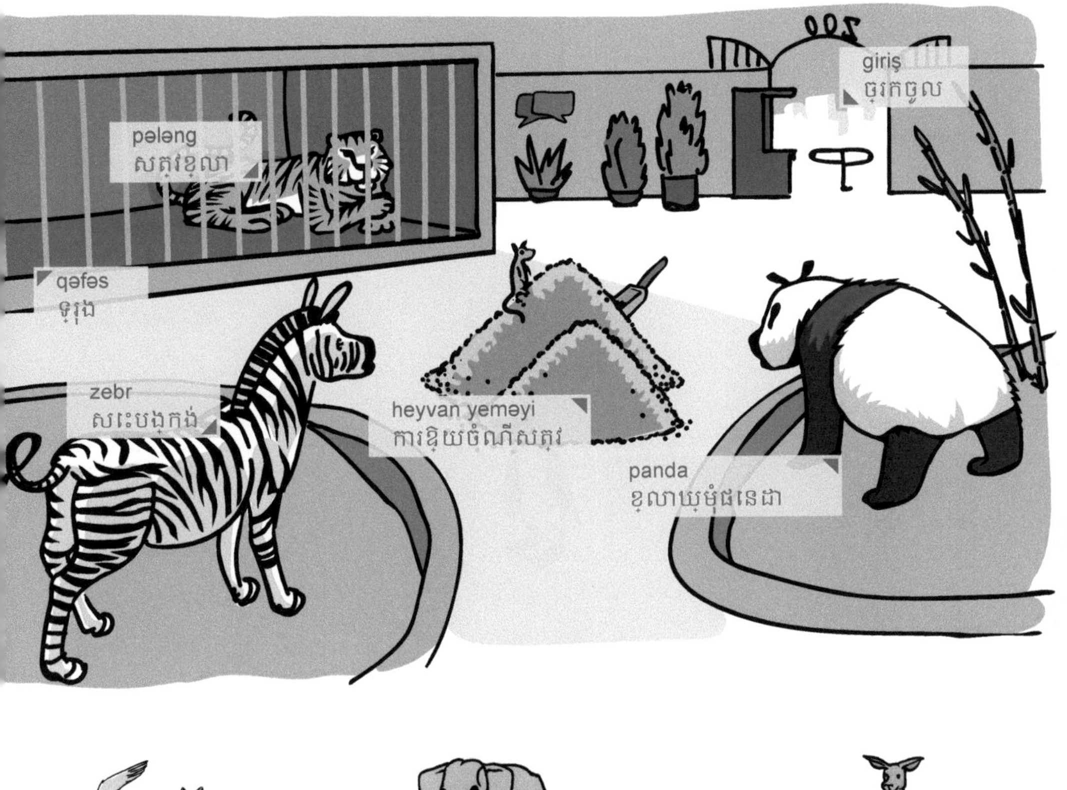
giriş
ច្រកចូល
pələng
សត្វខ្លា
qəfəs
ទ្រុង
zebr
សេះបង្កង់
heyvan yeməyi
ការឱ្យចំណីសត្វ
panda
ខ្លាឃ្មុំផេនដា

heyvanlar
សត្វ

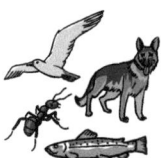

fil
សត្វដំរី

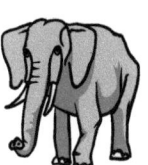

kenquru
សត្វកង់ហ្គារូ

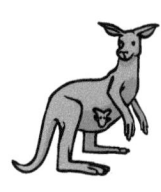

kərgədan
សត្វរមាស

qorilla
សត្វស្វាហ្គ័រីឡា

ayı
ខ្លាឃ្មុំពណ៌ត្នោត

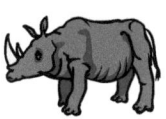

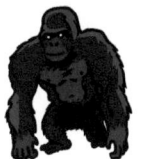

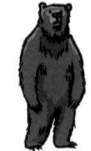

dəvə

សត្វអូដ្ឋ

dəvəquşu

សត្វអូទ្ធវីស

aslan

សត្វតេហោ

meymun

ស្វា

flamingo

សត្វកុររៀល

tutuquşu

សកេ

qütb ayısı

ខ្លាឃ្មុំតំបន់ប៉ូល

pinqvin

ផេនឃ្វីន

köpəkbalığı

ត្រីឆ្លាម

tovuz

ក្ងោក

ilan

សត្វពស់

timsah

ក្រពើ

zoopark işçisi

អ្នករក្សាសួនសត្វ

suiti

ឆ្មាទឹក

yaquar

ខ្លារខិនមួយយ៉ាង

poni

ក្នុនសេះ

bəbir

ខ្លារខិន

hippopotam

សត្វរំរីទឹក

zürafə

សត្វករវៃ

qartal

ពន្ធូរី

qaban

ជ្រូក

balıq

ត្រី

tısbağa

អណ្ដើកៅក

morj

លេទាមមច្ចា

tülkü

កញ្ជ្រុរេាង

ceyran

ក្ដាន់

amerikan futbolu
កីឡាហាល់ទាត់អាមេរិក

velosiped sürmək
ការបុករណាំងកង់

tennis
កីឡាបាល់ទេន្និស

basketbol
កីឡាហាល់បោះ

üzgüçülük
កីឡាហាលែទឹក

boks
កីឡាប្រដាល់

buz xokkeyi
កីឡាវាយកូនមាល់លើទឹក
កក

futbol
កីឡាហាល់ទាត់

badminton
កីឡាវាយសី

yüngül atletika
អត្តពលកម្ម

həndbol
កីឡាហាល់កាន់

xizək
ការជិះស្គី

polo
ប៉ូឡូ

gülmək
សេ៊ច

tullanmaq
លោត

qucaqlaşmaq
ឱប

getmək
ដេ៊រ

oxumaq
ច្រៀង

yuxu qörmək
សុបិន្ត

dua etmək
អធិស្ឋាន

öpüşmək
ថើប

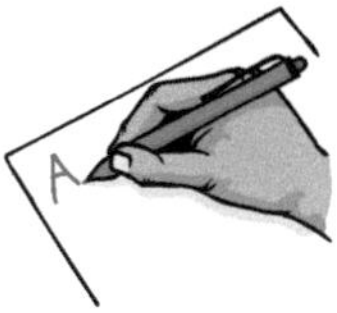

yazmaq	çəkmək	göstərmək
សរសេរ	គូរ	បង្ហាញ

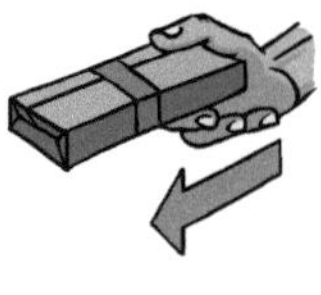

itələmək	vermək	götürmək
រុញ	ឲ្យ	យក

sahibi olmaq
មាន

etmək
ធ្វើ

olmaq
គឺ

durmaq
ឈរ

qaçmaq
រត់

çəkmək
ទាញ

atmaq
បោះ

düşmək
ធ្លាក់

uzanmaq
កុហក

gözləmək
រង់ចាំ

daşımaq
 យួរ

oturmaq
អង្គុយ

geyinmək
សួលៀកពាក់

yatmaq
ដេក

ayılmaq
ភ្ញាក់ឡ្បេើង

baxmaq
មេើល

ağlamaq
យ័ំ

sığallamaq
តូសរាស

daramaq
សិតសក់

danışmaq
និយាយ

anlamaq
យល់

soruşmaq
សួរ

dinləmək
ស្ដាប់

içmək
ផឹក

yemək
បរិភោគ

təmizləmək
សម្អាត

sevmək
សុរលាញ់

bişirmək
ចម្អិន

sürmək
បេើកបរ

uçmaq
ហាោះ

üzmək

ចែកទូក

hesablamaq

គណនា

oxumaq

អាន

öyrənmək

រៀន

işləmək

ធ្វើការ

evlənmək

រៀបការ

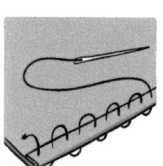

tikmək

ដេរ

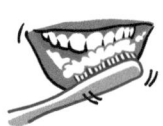

dişləri təmizləmək

ដុសធ្មេញ

öldürmək

សម្លាប់

siqaret çəkmək

ជក់

göndərmək

ផ្ញើ

nənə
ជីដូន

baba
ជីតា

ata
ឪពុក

ana
ម្ដាយ

körpə
ទារក

qız
កូនស្រី

oğul
កូនប្រុស

qonaq
កញ្ចេរ្ជៀរ

xala/bibi
មីង

əmi/dayı
ពូ

qardaş
បងប្អូនប្រុស

bacı
បងប្អូនស្រី

alın
ថ្ងាស

göz
ភ្នែក

üz
មុខ

buxaq
ចង្កា

barmaq
ម្រាមដៃ

əl
ដៃ

qol
ដៃ

döş
សុដន់

çiyin
ស្មា

ayaq
ជើង

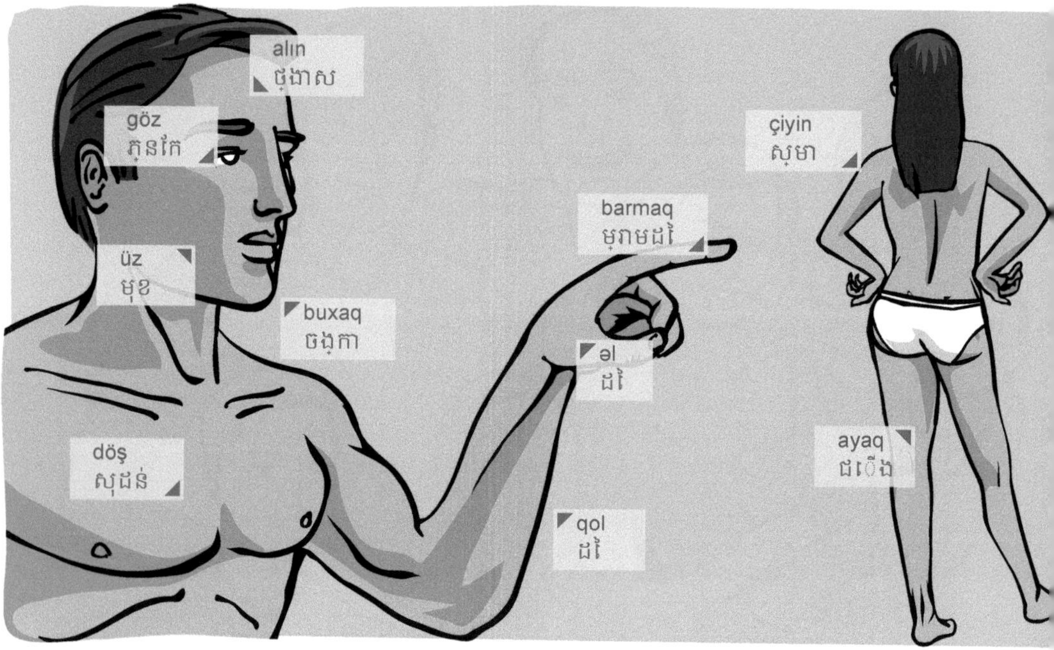

körpə

ទារក

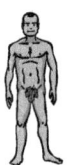

kişi

បុរស

qadın

ស្ត្រី

qız

ក្មេងស្រី

oğlan

ក្មេងប្រុស

baş

ក្បាល

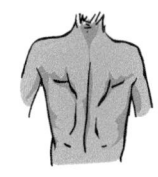

bel
ខ្នង

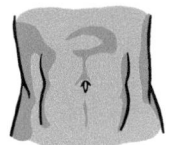

qarın
ពោះ

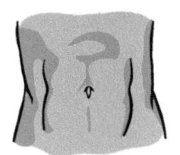

göbək
ផ្ចិត

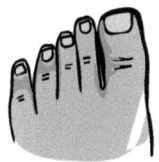

ayaq barmağı
មុរាមជេើង

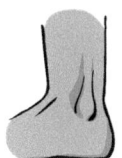

daban
កដែងជើេង

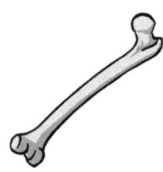

sümük
ឆ្អឹង

bud
គុរគាក

diz
ជង្គង់

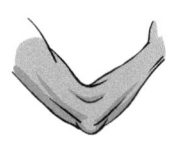

dirsək
កដែងដៃ

burun
ច្រមុះ

sağrı
គូទ

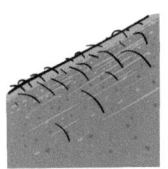

dəri
ស្បែក

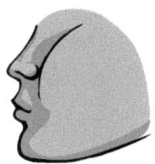

yanaq
ថ្ពាល់

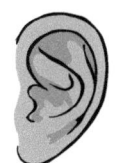

qulaq
ត្រចៀក

dodaq
បបូរមាត់

ağız

មាត់

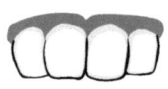

diş

ធ្មេញ

dil

អណ្តាត

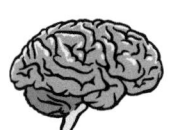

beyin

ខួរក្បាល

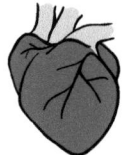

ürək

បេះដូង

əzələ

សាច់ដុំ

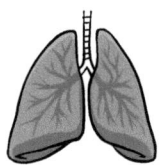

ağciyər

សួត

qaraciyər

ថ្លើម

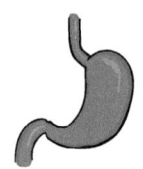

mədə

ក្រពះ

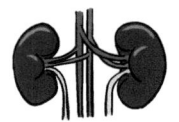

böyrəklər

តម្រងនោម

cinsi yaxınlıq

ការរួមភេទ

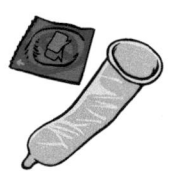

kondom

ស្រោមអនាម័យ

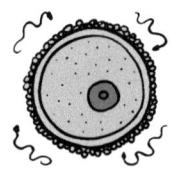

qadın cinsi hüceyrə

អូវុល

sperma

ទឹកកាម

hamiləlik

ការមានផ្ទៃពោះ

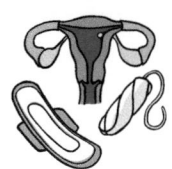

aybaşı

មករដ្ឋរ

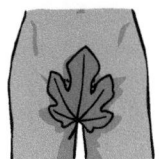

vagina

ទ្វារមាស

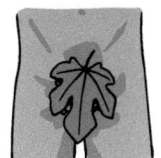

penis

លិង្គត

qaş

ចិញ្ចើមភ្នែក

saç

សក់

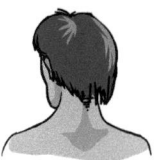

boyun

ក

xəstəxana
មន្ទីរពេទ្យ

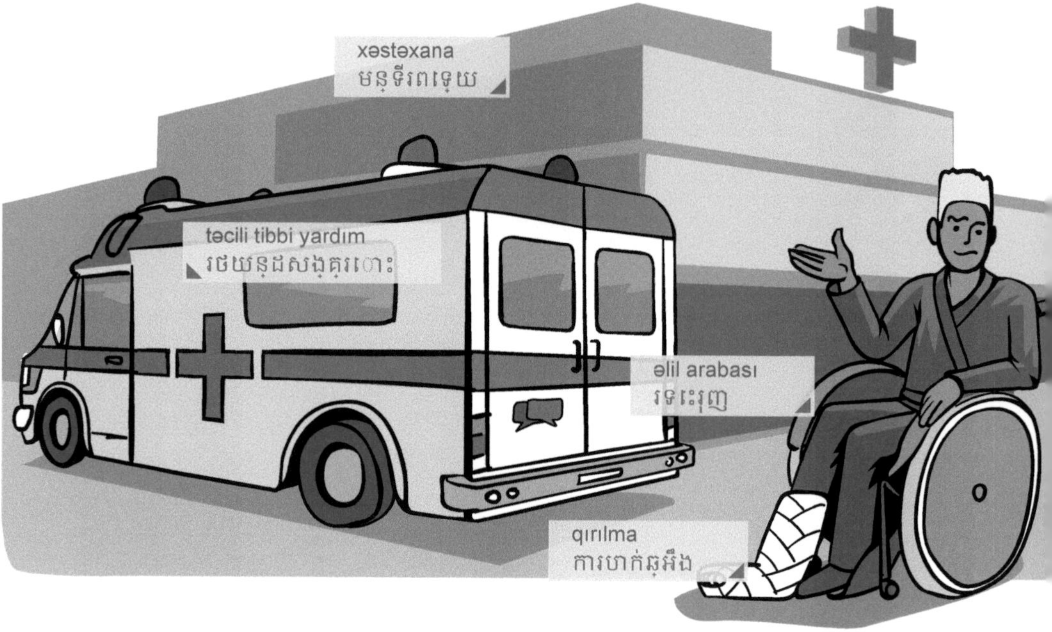

xəstəxana
មន្ទីរពេទ្យ
təcili tibbi yardım
រថយន្តសង្គ្រោះ
əlil arabası
រទេះរុញ
qırılma
ការបាក់ឆ្អឹង

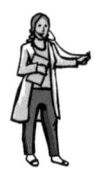

həkim

វេជ្ជបណ្ឌិត

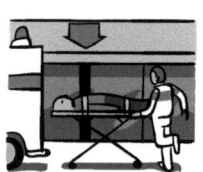

reanimasiya şöbəsi

បន្ទប់សង្គ្រោះបន្ទាន់

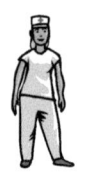

tibb bacısı

គិលានុបដ្ឋាយិកា

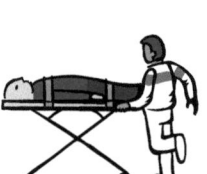

fövqəladə hallar

សង្គ្រោះបន្ទាន់

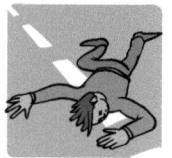

huşunu itirmiş

សន្លប់

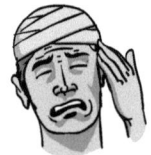

ağrı

ការឈឺចាប់

zədə

ការរងរបួស

qanaxma

ការហូរឈាម

infarkt

គាំងបេះដូង

insult

មុជដាច់សរសៃឈាមក្នុង
ក្បាល

allergiya

អាលកែហ្គសី

öskürək

ក្អក

qızdırma

ជំងឺគ្រុន

qrip

ជំងឺផ្ដាសាយ

ishal

ជំងឺរាគគួស

başağrısı

ឈឺក្បាល

xərçəng

ជំងឺមហារីក

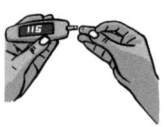

şəkərli diabet

ជំងឺទឹកនោមផ្អែម

cərrah

គ្រូពេទ្យវះកាត់

neştər

កាំបិតវះកាត់

əməliyyat

បុរតិបត្ដិការ

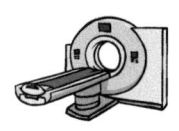

CT
CT

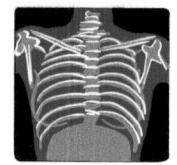

rentgen
កាំរស្មីអ៊ិច

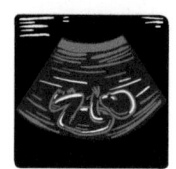

ultrasəs
អ្រក្ត

maska
របាំងមុខ

xəstəlik
ជំងឺ

gözləmə otağı
បង្ចាំបន្ទប់

qoltuqağacı
ឈើច្រត់

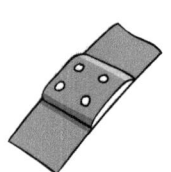

plaster
មុនាងសិលា

sarğı
បង់រុំ

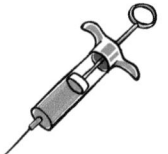

inyeksiya
ការចាក់ថ្នាំ

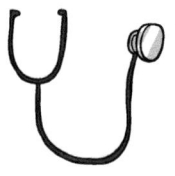

steteskop
ស្ដជគ្

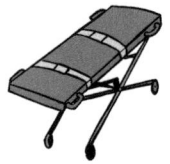

xərək
ស្នូនដែរបួស

hərarətölçən
ទម៉ូម៉ែត្ររុយាហាល

doğum
កំណើត

çəki artıqlığı
លើសសមទុងន់

eşitmə aparatı

បករណ៍ជំនួយការស្តាប់

dezinfeksiyaedici

សារធាតុសម្លាប់មេរោគ

infeksiya

ការឆ្លងមេរោគ

virus

មេរោគ

QİÇS

មេរោគអេដស៍ / ជំងឺអេដស៍

tibb

ថ្នាំពេទ្យ

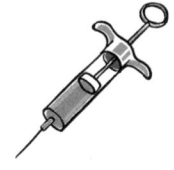

peyvənd

ការចាក់ថ្នាំបង្ការ

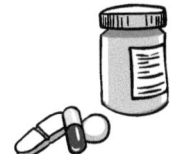

həblər

ថ្ប្រេលិត

həb

ថ្នាំគ្រាប់

təcili zəng

ការហៅទៅលេអាសន្ន

qan təzyiqini ölçmək üçün cihaz

ឧបករណ៍ពិនិត្យសម្ពាធ ឈាម

xəstə / sağlam

ឈឺ / មានសុខភាពល្អ

Kömək edin!

ជំនួយ!

həyəcan siqnalı

សំឡេងរោទ៍

basqın

ការវាយលុក

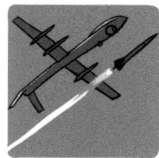

hücum

ការវាយប្រហារ

təhlükə

គ្រោះថ្នាក់

ehtiyat çıxışı

ច្រកចេញគ្រាអាសន្ន

Yanğın!

អគ្គីភ័យ!

odsöndürən

បំពង់ពន្លត់អគ្គិភ័យ

qəza

គ្រោះថ្នាក់

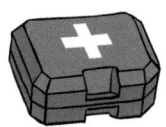

ilkin yardım qutus

ឧបករណ៍ជំនួយបឋម

SOS

SOS

polis

ប៉ូលិស

Avropa
អឺរុប

Şimali Amerika
អាមេរិកខាងជើង

Cənubi Amerika
អាមេរិកខាងត្បូង

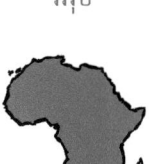

Afrika
អាហ្វ្រិក

Asiya
អាស៊ី

Avstraliya
អូស្ត្រាលី

Atlantik
អាត្លង់ទិច

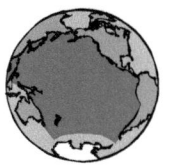

Sakit Okean
ប៉ាស៊ីហ្វិក

Hind okeanı
មហាសមុទ្រវេណ្ហា

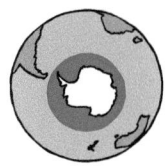

Antarktika Okeanı
មហាសមុទ្រអង់តាក់ទិច

Şimal Buzlu okeanı
មហាសមុទ្រអាកទិច

Şimal qütbü
ប៉ូលខាងជើង

Cənub qütbü

ប៉ូលខាងត្បូង

Antarktika

អង់តាក់ទិក

Yer kürəsi

ផែនដី

ölkə

ដីគោក

dəniz

សមុទ្រ

ada

កោះ

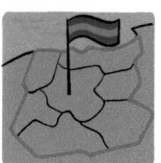

millət

បុរទេសជាតិ

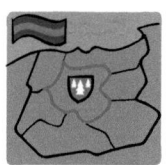

dövlət

រដ្ឋ

siferblat

មុខនាឡិកា

saat əqrəbi

ទ្រនិចម៉ោង

dəqiqə əqrəbi

ទ្រនិចនាទី

saniyə əqrəbi

ទ្រនិចវិនាទី

Saat neçədir?

ម៉ោងប៉ុន្មាន?

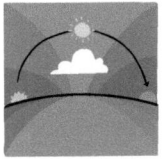

gün

ថ្ងៃ

vaxt

ពេលវេលា

indi

ឥឡូវនេះ

rəqəmsal saat

នាឡិកាឌីជីថល

dəqiqə

នាទី

saat

ម៉ោង

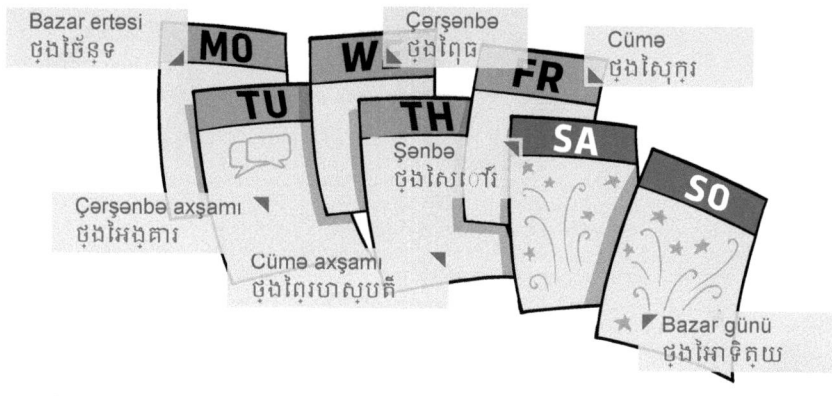

Bazar ertəsi
ថ្ងៃច័ន្ទ

Çərşənbə
ថ្ងៃពុធ

Cümə
ថ្ងៃសុក្រ

Şənbə
ថ្ងៃសៅរ៍

Çərşənbə axşamı
ថ្ងៃអង្គារ

Cümə axşamı
ថ្ងៃព្រហស្បតិ៍

Bazar günü
ថ្ងៃអាទិត្យ

dünən
មុសិលមិញ

bugün
ថ្ងៃនេះ

sabah
ថ្ងៃស្អែកកែ

səhər
ព្រឹក

günorta
ថ្ងៃត្រង់

axşam
ល្ងាច

MO	TU	WE	TH	FR	SA	SU
1	2	3	4	5	6	7
8	9	10	11	12	13	14
15	16	17	18	19	20	21
22	23	24	25	26	27	28
29	30	31	1	2	3	4

iş günü
ថ្ងៃធ្វើការ

MO	TU	WE	TH	FR	SA	SU
1	2	3	4	5	6	7
8	9	10	11	12	13	14
15	16	17	18	19	20	21
22	23	24	25	26	27	28
29	30	31	1	2	3	4

həftə sonu
ចុងសប្តាហ៍

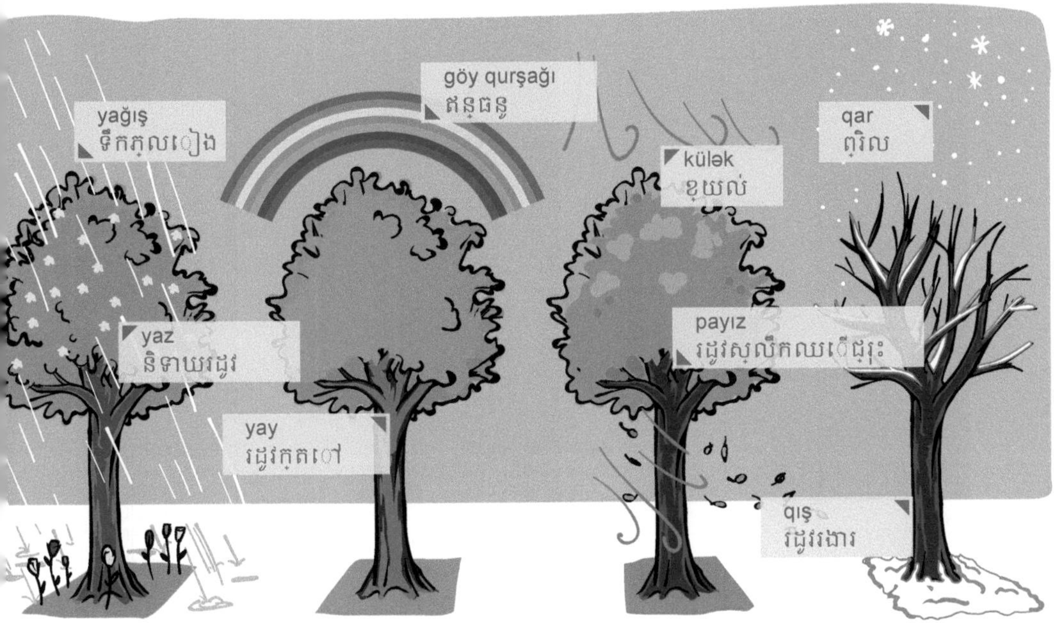

yağış
ទឹកភ្លៀង
göy qurşağı
ឥន្ទធនូ
külək
ខ្យល់
qar
ព្រិល
yaz
និទាឃរដូវ
payız
រដូវស្លឹកឈើជ្រុះ
yay
រដូវក្តៅ
qış
រដូវរងារ

4.APRIL 11°
5.APRIL 4°
6.APRIL 13°
7.APRIL 8°
8.APRIL 10°

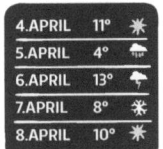

hava proqnozu

ការព្យាករណ៍អាកាសធាតុ

F C
120 40
90 30
60 20
30 10
0 0
-30 -10
-20

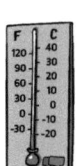

termometr

ទែម៉ូម៉ែត្រ

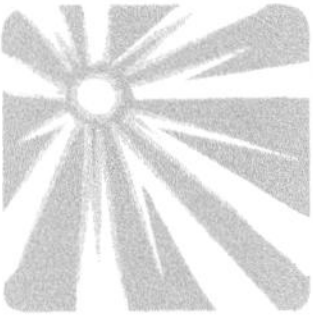

günəş işığı

ពន្លឺថ្ងៃ

bulud

ពពក

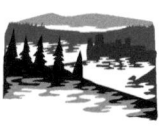

duman

អ័ព្ទ

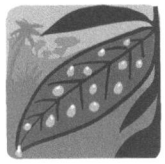

rütubət

សំណើម

ildırım

នន្ទ:

göy gurultusu

ផ្គរ

fırtına

ព្យុះ

dolu

ព្រិល

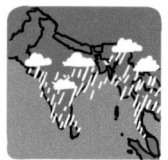

musson

ខ្យល់មូសុង

daşqın

ទឹកជំនន់

buz

ទឹកកក

yanvar

ខែមករា

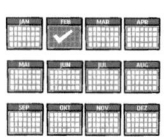

fevral

ខែកុម្ភ:

mart

ខែមីនា

aprel

ខែមេសា

may

ខែឧសភា

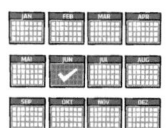

iyun

ខែមិថុនា

iyul

ខែកក្កដា

avqust

ខែសីហា

sentyabr
ខែកញ្ញា

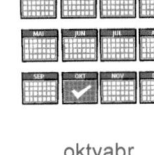

oktyabr
ខែតុលា

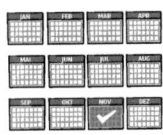

noyabr
ខែវិច្ឆិកា

dekabr
ខែធ្នូ

dairə
រង្វង់

kvadrat
ការ៉េ

düzbucaqlı
ចតុកោណកែង

üçbucaq
ត្រីកោណ

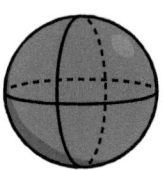

kürə
ស្វៃ

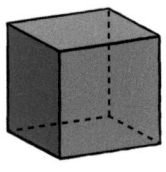

kub
គូប

ağ

ពណ៌ស

sarı

ពណ៌លឿង

narıncı

ពណ៌ទឹកក្រូច

çəhrayı

ពណ៌ផ្កាឈូក

qırmızı

ពណ៌ក្រហម

bənövşəyi

ពណ៌ស្វាយ

mavi

ពណ៌ខៀវ

yaşıl

ពណ៌បៃតង

palıdı

ពណ៌ទឹកក្រូច

boz

ពណ៌ប្រផេះ

qara

ពណ៌ខ្មៅ

çox / az

ច្រើន / តិចតួច

qeyzli / sakit

ខឹង / តុរជាក់ចិត្តគ្ត

yaraşıqlı / eybəcər

សួរស់សួអាត / អាក្រក់

başlanğıc / son

ចាប់ផ្តេើម / បញ្ចប់

böyük / kiçik

ធំ / តូច

işıqlı / qaranlıq

ភ្លឺ / ងងឹត

qardaş / bacı

បងប្អូនប្រុស / បងប្អូនស្រី

təmiz / kirli

ស្អាត / កខ្វក់

tam / natamam

ពេញលេញ / មិនពេញលេញ

gündüz / gecə

ថ្ងៃ / យប់

ölü / diri

ស្លាប់ / នៅរស់

geniş / dar

ធំទូលាយ / តូចចង្អៀត

yemeli / yeyilməyən

អាចបរិភោគបាន /
មិនអាចបរិភោគបាន

hirsli / mehriban

ចិត្តអាក្រក់ / ចិត្តល្អ

həyəcanlı / bezmiş

ការរំភើប / អផ្សុក

kök / arıq

ធាត់ / ស្គម

ilk / son

ដំបូង / ចុងក្រោយ

dost / düşmən

មិត្តភក្តិ / សត្រូវ

dolu / boş

ពេញ / ទទេ

sərt / yumşaq

រឹង / ទន់

ağır / yüngül

ធ្ងន់ / ស្រាល

aclıq / susuzluq

ភាពអត់ឃ្លាន /
ការស្រេកឃ្លាន

xəstə / sağlam

ឈឺ / មានសុខភាពល្អ

qanunsuz / qanuni

ខុសច្បាប់ / ត្រូវច្បាប់

ağıllı / axmaq

ឆ្លាតវៃ / ឆ្កួត

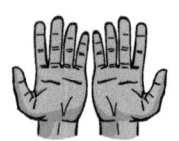

sol / sağ

ឆ្វេង / ស្តាំ

yaxın / uzaq

ជិត / ឆ្ងាយ

yeni / istifadə edilmiş

ថ្មី / ហានប្បរើ

heç bir şey / bir şey

គ្មានអ្វីសោះ / អ្វីមួយ

qoca / gənc

ចាស់ / កុមង

açma / bağlama

បើក / បិទ

açıq / bağlı

បើក / បិទ

sakit / bərk

ស្ងប់ស្ងាត់ / ឮខ្លាំង

varlı / kasıb

មាន / ក្រ

düzgün / səhv

ត្រូវ / ខុស

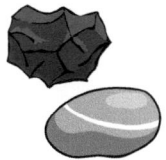

kobud / hamar

គ្រើម / លេពាង

kədərli / xoşbəxt

ហកចិត្ត / សប្បាយចិត្ត

qısa / uzun

ខ្លី / វែង

yavaş / sürətli

យឺត / លឿន

yaş / quru

សើម / ស្ងួត

isti / sərin

ក្តៅ / ត្រជាក់

müharibə / sülh

សង្គ្រាម / សន្តិភាព

0

sıfır
....
សូន្យ

1

bir
....
មួយ

2

iki
....
ពីរ

3

üç
....
បី

4

dörd
....
បួន

5

beş
....
ប្រាំ

6

altı
....
ប្រាំមួយ

7

yeddi
....
ប្រាំពីរ

8

səkkiz
....
ប្រាំបី

9

doqquz
....
ប្រាំបួន

10

on
....
ដប់

11

on bir
....
ដប់មួយ

12
on iki
ដប់ពីរ

13
on üç
ដប់បី

14
on dörd
ដប់បួន

15
on beş
ដប់ប្រាំ

16
on altı
ដប់ប្រាំមួយ

17
on yeddi
ដប់ប្រាំពីរ

18
on səkkiz
ដប់ប្រាំបី

19
on doqquz
ដប់ប្រាំបួន

20
iyirmi
ម្ភៃ

100
yüz
រយ

1.000
min
ពាន់

1.000.000
milyon
លាន

İngilis dili
អង់គ្លេស

İngilis dilinin amerikan
variantı
អង់គ្លេសអាមេរិក

Çin dilinin Mandarin dialekti
ចិនកុកង៉

Hind dili
ហិណ្ឌូ

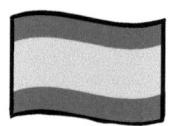

İspan dili
អេស្ប៉ាញ

Fransız dili
ហារង

Ərəb dili
អារ៉ាប់

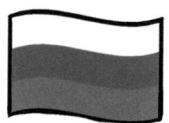

Rus dili
រុស្សី

Portuqal dili
ព័រទុយហ្គាល់

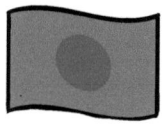

Benqal dili
បង់កុលាដែស

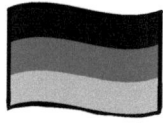

Alman dili
អាល្លឺម៉ង់

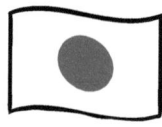

Yapon dili
ជប៉ុន

mən

ខ្ញុំ

sən

អ្នក

o / o / o

គាត់ / នាង / វា

biz

យេឹង

siz

អ្នក

onlar

ពួកគេហាន

kim?

នរណា?

nə?

អ្វី?

necə?

របៀបណា?

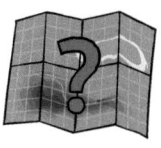

harada?

កន្លែងណា?

nə zaman?

ពេលណា?

ad

ឈ្មោះ

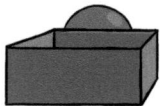

arxadan

ពីក្រុយោយ

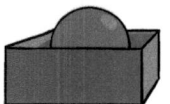

içində

ក្នុង

qarşısında

ពីមុខ

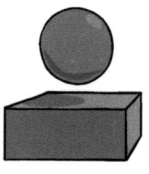

üzərində

ពីលើ

dair

នៅលើ

altında

នៅក្រោម

yanaşı

នៅក្បែរ

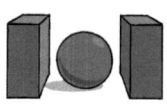

arasında

រវាង

yer

កន្លុលដែ